COME GUADAGNARE

Sommario

COPYWRITING

CAPITOLO 1

Cosa è il Copywriting e chi è un Copywriter

Il Copywriting è l'atto, o il mestiere, di scrivere testi a scopo pubblicitario. La copia, ovvero il frutto del lavoro del Copywriter, è dunque un contenuto scritto che mira ad aumentare la cosiddetta "consapevolezza del marchio", ovvero la misura in cui i clienti sono in grado di ricordare o riconoscere un marchio in condizioni diverse. Lo strumento del Copywriter è dunque il linguaggio, e il suo mondo è, dunque, piuttosto vasto. Egli contribuisce a creare i prodotti più diversi sulle piattaforme e i supporti più disparati: cartelloni pubblicitari, opuscoli e brochure di presentazione, cataloghi di mostre o di prodotti, testi pubblicitari in riviste, Newsletter e Direct mail in genere, script per la televisione e spot radiofonici, slogan, campagne social media e tante altre tipologie di messaggi e comunicazioni di marketing.

Negli ultimi anni la figura del Copywriter è venuta sempre meglio definendosi e ogni grande azienda che si rispetti ha ormai nel suo organico una o più figure professioniste del linguaggio e della scrittura. Ciò nonostante, soprattutto nelle realtà imprenditoriali di più modeste dimensioni, esiste ancora una diffidenza generalizzata verso il Copywriter professionista. La maggior parte di coloro che lavorano professionalmente nell'e-commerce infatti, si accontenta di sviluppare i propri contenuti senza servirsi di specialisti certificati e di esperienza. La motivazione più comune degli scettici è legata all'inutilità presunta del Copywriter nel contesto di progetti e attività molto piccole. Spendere del denaro, magari 50 o 100 euro per pagina, per potenziare un sito di vendita, è per moltissimi un concetto estremamente lontano dal loro modo di vedere gli affari.

Dietro la scelta di non affidarsi a un Copywriter esistono due ragioni piuttosto comuni: "Chi non è capace a descrivere un prodotto?", pensano in moltissimi; e ancora: "Chi meglio del loro rivenditore conosce le caratteristiche e i dettagli dei beni in vetrina?". L'idea che esistano dei professionisti formati precisamente nella descrizione di prodotti commerciali, a prescindere dalla loro natura e originalità, fa fatica ad essere compresa da tutti gli attori del settore. La convinzione è che benché la pubblicità sia l'anima del commercio, essa è anche parte dello stesso e, dunque, responsabilità del commerciante. Di fatto, chi adopera le parole per lanciare il proprio marchio o la propria attività senza conoscere le leggi del Copywriting non fa altro che sperare. Sperare che il suo messaggio serva allo scopo prefissato, che raggiunga il più vasto pubblico possibile e, soprattutto, sperare che il suo messaggio sia realmente compreso.

I professionisti del Copywriting non sperano che

le loro pagine convertano 2 o 3 punti percentuali in più rispetto alle vendite del periodo precedente il loro intervento; i Copywriter sanno con certezza dove, come e quando intervenire proprio per migliorare la percentuale di conversione. In altri termini, non investire sul linguaggio, o sulla parola se si preferisce, significa lasciare ogni giorno che centinaia di euro, o forse migliaia, finiscano nelle tasche dei concorrenti.

Ma investire sul linguaggio non deve significare esclusivamente assoldare un Copywriter. Chiunque, dotato o meno di talento per la parola scritta, può diventare uno scrittore di contenuti, o di copie appunto. Il segreto in questo caso sta, come è ovvio, nella formazione e nella pratica costante. Aver acquistato questo libro è già un ottimo passo per chiunque abbia scelto di intraprendere questa direzione. L'obiettivo delle pagine che seguono è infatti proprio quello di assicurare al lettore un robusto e potente insieme di strategie di Copywriting. Non solo mostreremo come migliorare la scrittura e le abilità di vendita, ma consiglieremo anche uno schema strategico da seguire per 30 giorni.

CAPITOLO 2

Lavorare sulla lingua scritta

È vero, come abbiamo affermato, che non è necessario possedere particolari doti o talenti per scrivere un buon testo. Tuttavia, sopra ogni altra cosa, padroneggiare le abilità di base della lingua scritta è l'aspetto più importante del Copywriting. Non importa quanto persuasivo un individuo sia verbalmente, se non è in grado di tradurre quelle parole in una scrittura chiara, ponderata e grammaticalmente corretta, i suoi argomenti potrebbero risultare più sgradevoli che attraenti. E questo è precisamente il motivo per cui raccomando di sviluppare le abilità di scrittura di base prima di cercare di approfondire il Copywriting e altre forme di scrittura di vendita.

Cerchiamo dunque di capire come migliorare le nostre capacità di scrittura. Lo studio della grammatica è il minimo e, purtroppo o per fortuna, non vi è alcuna scorciatoia possibile per evitare questo Step 1 del nostro processo di formazione. Potrebbe sembrare paradossale ma quando si tratta di Copywriting nessuno sarà impressionato dalla nostra buona grammatica. A dire il vero, nessuno noterà affatto la nostra grammatica a meno che non sia pessima. Ecco perché apprenderla in maniera solida è il punto di partenza indispensabile per raggiungere il nostro obiettivo. Non si tratta della vetta dunque ma, piuttosto, delle pendici di un monte di cui dobbiamo ancora intraprendere la scalata.

Teniamo a mente un concetto e non scordiamolo mai: se abbiamo un background debole nella scrittura, esiste un'ottima probabilità che i nostri testi siano mal compresi dai lettori. Difficile rendersene conto in prima persona e ancora più difficile può essere ammettere un errore, eppure, ognuno di essi, anche quello che ci pare più minuscolo ed ininfluente, rappresenta un'ombra sul nostro business. Non curare la comunicazione significa non prenderci cura del nostro interlocutore, non garantirgli il rispetto che merita.

Gli errori più comuni sono numerosi: ripetizioni continue di uno stesso termine, ridondanza di un concetto o di un'espressione, soggetti e verbi discordanti, punteggiatura eccentrica, passaggi improvvisi e ingiustificati tra registri linguistici, sovrabbondanza di pronomi relativi e dimostrativi, ecc. Insomma, ad un occhio attento il testo di un dilettante è un covo di orrori, più che errori, grammaticali. Qualcuno potrebbe obiettare che non tutti i clienti sono interessati alla forma più che al contenuto. Certo, è vero, ma se a causa di una vostra informazione inconsciamente comunicata nella forma sbagliata non acquistassero i vostri prodotti? Se, senza neanche accorgervene, un dettaglio errato del vostro testo lo convincesse ad acquistare altrove? Sono timori, questi, che chiunque alle prime armi dovrebbe avere e che dovrebbero essere intercettati attraverso una formazione ed uno studio mirati.

Rispolverare il vecchio manuale di grammatica delle scuole medie, o acquistarne uno al negozio di libri più vicino a casa nostra, è il primo passo da compiere. Vi ricordate cosa è il congiuntivo? Sapete quando usarlo e quando va preferito all'indicativo? Probabilmente no, anche se la vostra esposizione orale sembra essere perfetta, forse è perché avete un ottimo orecchio e, magari, la fortuna di essere circondati da persone con buone capacità oratorie.

Ecco una lista di alcune delle principali problematiche da affrontare prima di mettersi alla tastiera o impugnare una penna

Lessico

Uno dei problemi più comuni dei Copywriter in erba è la loro povertà lessicale, ovvero la mancanza di un vocabolario vasto e preciso. Le cause possono essere numerose ma, la maggior parte del tempo, sono da ricercarsi in una vita quotidiana che non offre gli stimoli necessari a migliorare la comunicazione verbale stessa né, tantomeno, quella scritta. Sono molti infatti coloro che, vivendo e lavorando per tanti anni in uno stesso contesto, si accontentano di un vocabolario ridotto, magari specifico in settori precisi ma molto debole e imperfetto quando si tratta di argomenti di interesse generale, come la politica, l'economia, l'attualità o la cultura. Il numero di parole usate quotidianamente da questi individui è spesso circoscritto alle azioni ed ai concetti che essi affrontano più spesso durante la giornata. Ne deriva dunque un bagaglio lessicale misero e un'incapacità, che è possibile constatare anche al semplice ascolto, a trovare termini specifici, sinonimi o contrari adatti a precisare le varie situazioni della vita. Coloro che hanno bagagli lessicali miseri subiscono le conseguenze anche e soprattutto a livello di pensiero e di logicità dello stesso, oltre a riscontrare difficoltà a seguire ragionamenti leggermente più complessi e articolati della norma. Come è ovvio, la parola scritta mette in risalto esattamente queste difficoltà.

Non vi sono esercizi specifici, al di là di quelli basilari sul potenziamento lessicale che possiamo recuperare da qualsiasi manuale di grammatica o eserciziario online. La verità è che, come vedremo anche oltre in queste pagine, l'unica maniera per apprendere parole nuove è sforzarsi di aguzzare le orecchie e la vista ogni qual volta ci paia di aver inteso, o letto, un termine del quale non conosciamo il significato. Al contempo, sarà necessario abbandonare a poco a poco alcune delle vecchie e malsane abitudini comunicative, come termini o espressioni derivanti magari dal dialetto locale, e sostituirle gradualmente con parole più corrette e precise.

Non esitiamo a consultare i dizionari della lingua italiana ogni qual volta ve ne sia necessità. Leggere e comprendere la definizione di un termine è il modo migliore per memorizzarlo e poterlo subito utilizzare.

Capacità argomentative

Nella comunicazione verbale abbiamo a disposizione una serie di strumenti da affiancare alla parola che, nel linguaggio scritto, non possediamo. Ad accompagnare le parole che pronunciamo, in effetti, intervengono spesso le nostre mani, a disegnare contorni di oggetti nell'aria o a indicare un nostro preciso stato d'animo. Non solo, la nostra voce può essere modulata a piacimento, nel volume e nel tono, per sottolineare alcune parole o espressioni precise. Quando scriviamo un testo, al contrario, gli unici strumenti che possediamo sono le lettere e i vari segni grafici che separano parole e frasi. Così, se vogliamo far comprendere il senso di ciò che raccontiamo ai nostri lettori, dobbiamo forzatamente adottare una forma intellegibile che segua degli schemi precisi, universali e precisamente codificati. Le regole di una lingua saranno quindi preziose non solo da un punto di vista estetico, ma anche e principalmente da un punto di vista puramente comunicativo: se il nostro testo è linguisticamente scorretto, il nostro destinatario non capirà il nostro messaggio, il che è quanto di più grave possa accadere ad un Copywriter.

Errore comune dei principianti della scrittura è il non prestare attenzione alla forma e, di conseguenza, al contenuto dei loro testi. Sono molti coloro che non rileggono attentamente ciò che hanno appena finito di scrivere, considerandola un'azione oziosa, quasi una perdita di tempo. Di fatto la rilettura è uno dei momenti più importanti della scrittura. Una lettura lenta a posteriori del nostro elaborato ci permette in effetti di chiederci se quanto abbiamo prodotto possa o meno essere compreso dai lettori. Lavorando correttamente, ci troveremo a tagliare intere frasi, a modificarne profondamente di altre, a cercare sinonimi per evitare ripetizioni, a sostituire le espressioni poco chiare o troppo complesse con altre più semplici e meno fraintendibili.

Il più delle volte una scarsa capacità argomentativa è da attribuire ad uno scarso impegno di rilettura. Ci si accontenta di aver più o meno espresso il nostro pensiero senza concretamente verificare di averlo fatto nel modo corretto e, dunque, comprensibile. È importante invece, soprattutto quando si è alle prime armi, rileggere costantemente quanto si è appena scritto chiedendosi se rispetta realmente il nostro pensiero, ovvero se siamo riusciti a spiegare in maniera esatta ciò che volevamo nel rispetto, chiaramente, delle regole linguistiche.

Può accadere spesso di non riuscire a far quadrare una frase o un periodo neanche dopo attente riletture e modifiche. In questi casi occorre sempre domandarsi se il concetto che intendiamo esprimere sia realmente chiaro nella nostra mente: sappiamo di cosa stiamo parlando? Conosciamo esattamente il significato di ogni parola che abbiamo scritto? Se le risposte saranno negative, è evidente che dovremmo informarci meglio sul nostro soggetto. Più chiaro sarà esso nel nostro cervello più chiaro sarà anche sul foglio. Al contrario, ad una comprensione parziale di un argomento, corrisponderà un testo dalla logica fiacca e da una forma contorta e difficilmente comprensibile.

Logica

Un testo scritto, che sia corto come una frase o lungo come un romanzo, deve possedere una logica interna. Si tratta di un concetto molto simile a quello esposto nel precedente paragrafo, ma piuttosto che alle capacità argomentative tout court, si riferisce all'ordine logico delle parti che compongono un testo: un messaggio scritto, perché sia compreso dal destinatario, deve essere pensato come una vera e propria espressione algebrica in cui, se si intende ottenere il risultato corretto, si è tenuti a svolgere le operazioni nell'ordine esatto, ovvero le moltiplicazioni e divisioni in ordine di apparenza prima delle addizioni e sottrazioni. Se si invertono le regole, per ovvie ragioni, si otterrà un risultato errato. Alla stessa maniera, le parole non possono essere mischiate casualmente così come, magari, arrivano alla nostra penna. In un'ottica più vasta, lo stesso deve avvenire con le frasi e i periodi che compongono i nostri paragrafi, capitoli e libri.

Ogni concetto espresso nel nostro testo deve essere logicamente collegato al precedente e al successivo. Ogni termine che adoperiamo, ogni segno di interpunzione, ogni dettaglio insomma, deve aiutarci a raggiungere tale scopo. Così, avverbi e congiunzioni la cui importanza è spesso sottovalutata, rappresentano assieme ai punti e alle virgole la struttura portante della nostra opera, i punti di riferimento che soli possono aiutare il lettore a orientarsi fra le nostre parole. Senza di essi, o attraverso un loro uso errato e confusionale, il destinatario del nostro messaggio avrà difficoltà a comprendere la relazione tra le parole che noi abbiamo scritto, la subordinazione di un concetto rispetto ad un altro e, in una parola, il senso di ciò che vorremmo comunicare.

Pensiamo ai segni di interpunzione come alle pause che compiamo quando ci esprimiamo verbalmente e intendiamo separare due concetti o sottolineare una parola o un'espressione precisa. Se necessario, e si consiglia soprattutto ai principianti, leggiamo i nostri testi ad alta voce ed ascoltiamoci con attenzione. Ci renderemo conto, così facendo, che ognuno di noi è naturalmente portato a fare delle pause, brevi o lunghe che siano, per prendere fiato e organizzare il proprio pensiero. Ebbene, quelle pause si rappresentano graficamente proprio con le virgole, i punti, i punti e virgola o i due punti. In maniera generale si ricordi che la virgola corrisponde ad un'interruzione molto breve, il punto e virgola ad una un po' più lunga, il punto ad una vera e propria pausa che, all'occorrenza, ci può permettere di introdurre un nuovo argomento.

Struttura

Se la logica del testo è importante, la sua struttura lo è ancora di più. L'indice o il piano di lavoro sono le fondamenta di ogni manoscritto e, come tali, devono essere concepite e costruite prima di ogni altra cosa. È assolutamente corretto affermare infatti, che ogni buon scrittore conosce la fine dei suoi libri prima ancora di scriverli. Anche se può apparire un'attività noiosa e uno sforzo inutile, nessuno scritto può nascere senza un'attenta riflessione che lo precede.

Il Copywriting ha delle regole rigide ed è particolarmente importante che questo sia compreso alla perfezione. Un Copywriter ha l'obbligo di scegliere attentamente non solo le parole che lo aiuteranno ad esprimere i concetti scelti, ma anche l'ordine in cui questi concetti dovranno essere presentati ai lettori affinché essi possano comprenderli correttamente. La struttura del testo sarà dunque la sua primissima preoccupazione una volta terminate le ricerche del materiale bibliografico utile al suo scopo. Se dovessimo scrivere la recensione di un film TV dalla trama intricata, ci converrebbe prima descrivere i personaggi principali o concentrarci invece sulla storia prima di tutto il resto? Quale che sia l'opzione scelta, è evidente che i due argomenti siano differenti e che debbano dunque essere trattati separatamente. Ci concentreremo dunque su uno di essi tenendo a mente ciò di cui andremo a parlare di seguito. Come in due grandi insiemi non mischieremo dunque gli oggetti di uno e dell'altro, ma li terremo attentamente divisi in modo da facilitarne la comprensione individuale ed organica.

È possibile concepire la struttura di un testo come una serie di domande da noi stessi pensate e alle quali ci accingiamo a dar risposta. Riprendendo l'esempio della recensione del film TV, vediamo come potremmo ideare una eventuale struttura in tre punti:

1. I personaggi: chi sono i protagonisti? Chi è l'antagonista? Dove vivono? Che lavoro fanno? Cosa sappiamo della loro vita privata? Che carattere ha il protagonista e quale l'antagonista?

2. La trama: qual è il filo conduttore degli avvenimenti e in che ordine si succedono secondo il regista o lo sceneggiatore? Quali le cause delle azioni dei personaggi? Che conseguenze per ognuno di loro? Come si concludono gli avvenimenti?

Rispondendo a semplici domande create ad hoc per l'occasione, saremo in grado di scrivere almeno una o due frasi per ognuna di esse, ciò che sarà un'ottima base di partenza per il nostro testo. Non ci resterà dunque che collegare in seguito tutte le nostre risposte, facendo attenzione al lessico, alla logica e all'ortografia, evitando facili invasioni di campo tra gli argomenti, o gli insiemi. In tal maniera avremo la certezza di aver detto tutto ciò che era nostro dovere dire e, soprattutto, di averlo detto correttamente. Inoltre, la sintesi dell'insieme delle domande in un'unica formula che racchiuda tutti i concetti espressi, ci permetterà anche di formulare uno o più titoli adatti per il nostro testo.

Ortografia

Non esiste forse niente di più orrendamente fastidioso per un lettore, forse anche più di un testo dalla logica debole, degli errori ortografici. Doppie mancanti o in surplus, accenti e apostrofi assenti o confusi fra loro, maiuscole dimenticate, punteggiatura insensata e parole incomplete, sono gli errori commessi più comunemente dai principianti. Se nel campo editoriale questi, per così dire, errori, sono ben noti come refusi, aggiustabili quindi con una o più letture a posteriori, nel mondo del Copywriting indipendente essi divengono degli errori permanenti che molto spesso rimangono a far parte dei siti web e dei blog per tutta la durata di vita degli stessi.

Ovviare a problemi di questo tipo è piuttosto semplice e, a ben vedere, porre rimedio ad un'ortografia zoppicante può rivelarsi un'azione estremamente profittevole per un Copywriter. Al giorno d'oggi esistono semplici correttori che ognuno di noi può facilmente e gratuitamente possedere, lo stesso Microsoft Word ne offre uno tra le sue funzioni di base, e che aiutano a scorgere gli errori ortografici più minuti. Abituiamoci sempre ad usarne uno, anche se il nostro compito è solo quello di scrivere una frase di dieci semplici parole: è proprio in questi casi, quando cioè il testo da redigere è molto corto, che dobbiamo prestare la massima attenzione. Stesso discorso andrà fatto per chi redige i propri testi a mano con carta e penna. Se in quel caso non potremmo servirci di un correttore digitale, avremmo sempre a disposizione uno o più dizionari che consulteremo di volta in volta per verificare i nostri dubbi.

Lo stile batte la grammatica

Quando si tratta di Copywriting una buona grammatica è il minimo indispensabile e non esistono scorciatoie in tal senso. Per quanto sia fortemente consigliabile, soprattutto per chi sente di essere particolarmente debole in ortografia e sintassi, lo studio di un buon manuale di lingua italiana, ci pare tuttavia necessario sottolineare come i migliori scrittori non siano per forza anche degli ottimi insegnanti di grammatica. Quel che è certo, è sostanzialmente che essi sono dei formidabili lettori e degli eccellenti riproduttori.

La lettura è alla base di una buona scrittura. Molti dei più grandi scrittori noti nel mondo hanno confessato di leggere decine di libri ogni mese, di aver divorato intere librerie o biblioteche di quartiere alla ricerca di una parola, di un'ispirazione, di una storia che valesse la pena raccontare. Grazie alle continue letture, uno scrittore inventa il suo stile e lo perfeziona continuamente, innamorandosi di quello di qualcun altro, desiderando regalare ai propri elettori le stesse emozioni che lui stesso ha provato.

Sia che si tratti di un testo narrativo che di uno prettamente pubblicitario o tecnico, lo stile del Copywriter è tutto ciò che lo distingue da un altro. Migliorare la nostra grammatica non sarà sufficiente per convertire visite in vendite e contatti poiché un titolo grammaticalmente impeccabile non è in grado da solo di convincere un visitatore a continuare la lettura. Quando si tratta di migliorare un tasso di conversione, lo stile - non la grammatica - è la chiave di volta. Se il nostro stile è debole, goffo o disorganizzato, i nostri lettori smetteranno di prestare attenzione alle nostre parole e alla fine abbandoneranno la lettura. Se saremo invece

zchiari e avvincenti, nessuno potrà staccare gli occhi dai nostri manoscritti. Ed è per questo che dobbiamo fare uno sforzo per migliorare il nostro stile oltre alla nostra grammatica.

Una cosa è certa, i miglioramenti di stile non avvengono magicamente e, al contrario di come molto spesso si pensi, non hanno niente a che vedere con il talento. Così come per le regole di grammatica, apprendere uno stile, farlo nostro, è questione principalmente di pratica. Ecco alcuni consigli che potrebbero esservi utili per iniziare a lavorarci:

1. Scegliamo un autore, uno che sia in grado di emozionarci e tenerci incollati alle sue parole; cogliamo le particolarità della sua scrittura: in cosa si distingue da tutti gli altri? In che maniera è capace di affascinarci?

Una volta che saremo riusciti a carpire quanti più segreti possibile, cimentiamoci subito nella creazione di un nostro proprio testo, magari scegliendo una tematica affine a quella del nostro scrittore guida.

Mettiamo alla prova quello che abbiamo imparato anche se ci rendiamo conto che ci costringe a rivoluzionare completamente la nostra maniera di scrivere.

2. Leggiamo con un'ottica differente i testi altrui. Iniziamo a chiederci regolarmente quali sono le particolarità dello stile degli autori che ci capita di leggere per lavoro, svago o altro.

Abituiamoci a calarci nei panni degli altri, a capire quali metodi e astuzie hanno utilizzato per scrivere di questo o di quell'altro argomento, quali difficoltà possono aver incontrato nell'argomentare un concetto complesso o nel raccontare una storia intricata.

3. Lavoriamo sui nostri periodi. Al di là di leggere con attenzione i lavori di altri, attività fondamentale per ogni Copywriter, e di emularne gli stili, è possibile anche dare un tocco di novità ai nostri propri testi e alla nostra maniera di redigerli attraverso un piccolo accorgimento formale che può essere attuato in

maniera semplice e rapida. Se, per esempio, abbiamo l'abitudine di strutturare periodi complessi, lunghi, ricchi di avverbi, punteggiatura e congiunzioni, proviamo ad accorciarli, magari sostituendo alcune virgole con dei punti fermi, o eliminando concetti già noti e ridondanti.

Al contrario, se siamo abituati a formulare il nostro discorso sulla base di periodi semplici e brevi, sforziamoci di estenderli, di legare le parole in maniera più articolata del solito. In questo modo non solo ci renderemo facilmente conto di quello che è una delle particolarità del nostro stile, ovvero la lunghezza e la semplicità o complessità dei nostri periodi ma, soprattutto, ci alleneremo a correggere noi stessi, offrendo alla nostra mente delle vie sicure da seguire quando si tratta di cercare nuove soluzioni, correggere o editare in futuro.

4. L'introduzione è fondamentale. Per quel che riguarda l'incipit di un testo esistono due scuole

di pensiero: c'è chi preferisce menzionare l'obiettivo ultimo del suo lavoro fin dalla prima frase e chi, invece, sceglie di tenere il lettore sulle spine fino alla parte centrale del testo. Come è ovvio, a queste due scelte corrispondono due introduzioni ben differenti che ben si adattano a testi di diversa natura. In ambito scientifico, per esempio, è fondamentale menzionare immediatamente l'obiettivo delle ricerche al fine di permettere al lettore, specialista o meno, di apprezzare meglio la metodologia adottata per raggiungere i risultati prefissati.

Esistono in tal senso gli abstract, ovvero i piccoli riassunti, molto spesso in lingua inglese, che precedono e sintetizzano obiettivi, metodologie e risultati di un testo scientifico. In altri settori, come quello delle nuove tecnologie o dell'abbigliamento sportivo, sarà invece importante occuparsi in prima istanza di spiegare le novità del nostro prodotto rispetto a quelli passati dello stesso genere.

Qualunque sia l'obiettivo del Copywriter, la prima frase del suo testo dovrà dire al lettore tutto ciò che deve sapere.

5. Cura i lineamenti del tuo testo. Potrebbe forse sembrare un aspetto inutile o marginale, eppure i lineamenti di un testo, la sua silhouette, sono un elemento importante che caratterizza lo stile di un Copywriter.

Alcuni amano andare a capo ogni due o tre frasi, introducendo così ad ogni capoverso un nuovo argomento, ben distanziato dal precedente sia graficamente che a livello di contenuti.

Altri, invece, preferiscono scrivere una frase dopo l'altra andando a capo solo quando le impostazioni del programma di scrittura obbliga a farlo.

Il primo metodo è senz'altro quello che consigliamo di adottare ai principianti, ma non solo. Lavorando per compartimenti stagni, per così dire, è più semplice infatti mantenere l'ordine tra le parole e le idee evitando così inutili confusioni a chi legge. Inoltre, tale metodo ci permette di seguire facilmente la struttura del testo che abbiamo previsto e, di conseguenza, essa diviene più intellegibile anche per i nostri lettori.

Le nostre frasi, inoltre, acquisteranno senz'altro più potenza visiva.

6. Evitiamo avverbi, pronomi e congiunzioni laddove è possibile. Parole e locuzioni come "veramente", "molto", "tanto", "il quale", "che", "poiché", "giacché" e altre, appesantiscono i nostri testi e dovremmo usarle il meno possibile, sostituendole magari con segni di interpunzione o, semplicemente, eliminandole tout court. Facciamo questo esercizio in maniera automatica al momento della rilettura, chiediamoci cioè quali sono le parole di troppo e scegliamo di mantenere solo quelle strettamente necessarie al nostro ragionamento e ai nostri scopi.

Questa pulizia, ci renderemo conto, è fondamentale per la buona riuscita di un testo, che sia esso lungo o corto. In breve tempo, presa l'abitudine di rileggere attentamente e ripulire, potremmo notare come la nostra mente, in maniera automatica, ci porterà gradualmente a riflettere facendo economia dei termini inutili.

CAPITOLO 3

Capire il pubblico di riferimento e vendere

Una delle parti più importanti di una buona scrittura è legata alla conoscenza del nostro pubblico. Molti Copywriter alle prime armi tralasciano questo importante aspetto, magari concentrati nella grammatica e nello stile dei loro testi. In realtà però, conoscere i nostri lettori, comprendere i loro gusti e bisogni, è la chiave per poter concretizzare ottimi risultati, commercialmente parlando. Possiamo essere persuasivi solo quando sappiamo quali sono i gusti di chi ci legge, altrimenti ci è pressoché impossibile.

Se non riusciamo a parlare alle persone che stanno leggendo il nostro testo commerciale allora è fortemente improbabile che la nostra campagna abbia successo, non importa quanto persuasivi crediamo di essere stati.

Sfortunatamente, questo errore può essere fatale, almeno per quanto riguarda i tassi di conversione. Per ovviare al problema è opportuno parlare sempre ad una persona specifica, immaginaria si intende, ma con dei connotati culturali, e quindi un linguaggio, molto precisi. Il pensiero di parlare a qualcuno che conosciamo, come fosse un nostro amico, ci aiuterà infatti a trovare la forma e le parole più adatte per recapitare correttamente il nostro messaggio.

Un buon Copywriter deve sempre ragionare in una maniera precisa in fase di concepimento dell'opera nei riguardi del suo pubblico. Ecco qualche consiglio a questo proposito prendendo come riferimento testi ad obiettivo commerciale:

Step #1: Ricerca del pubblico

Prima di creare qualsiasi prodotto è fondamentale compiere una ricerca di mercato. Questa ci permetterà di scoprire chi acquista il preciso tipo di prodotto che intendiamo vendere e quali caratteristiche e benefici sono i più richiesti dal consumatore. Teniamo a mente che, se si è già iniziato a vendere un prodotto, allora avremo anche la possibilità di sollecitare tali informazioni direttamente ai nostri acquirenti. Per esempio potremmo pensare a inviare un sondaggio agli iscritti alla nostra lista o, ancora, potremmo offrire uno sconto sul nostro prossimo prodotto a coloro i quali siano disposti a fornirci un feedback sulla nostra pagina e i nostri progetti.

Oltre a condurre indagini sulla clientela esistente, andremo anche a visitare i forum nella nostra nicchia di mercato.

Ogni buon Copywriter ha tra i suoi preferiti nel

browser di ricerca i forum più rilevanti per i settori di suo interesse. Una volta individuato un certo numero di pagine di discussione promettenti, inizieremo a leggerne effettivamente i contenuti per scoprire cosa pensano i consumatori del nostro prodotto.

Cerchiamo di capire come si sentono le persone che lo hanno già acquistato e intercettiamo i dubbi e le necessità di coloro che sono intenzionati a farlo.

Non dimentichiamo di prendere costantemente appunti sui nostri potenziali clienti, sulle loro personalità, i loro obiettivi, le loro idee e le ragioni che li potrebbero spingere ad acquistare il nostro prodotto.

Notiamo nei forum qualche dettaglio particolare che viene fuori frequentemente quasi in ogni discussione?

Se sì, andiamo ad aggredire precisamente quel dettaglio, enfatizzandolo se è positivo o collocandolo in una posizione ininfluente, quasi a margine dei nostri testi.

Step #2: Scriviamo solo per il nostro pubblico

Capire qual è il nostro pubblico non significa automaticamente essere in grado di scrivere per lui. Questo genere di lavoro, infatti, richiede molta attenzione e concentrazione poiché ogni singolo termine dovrà essere attentamente ponderato.

Partiamo dai nostri appunti e concentriamoci sull'immagine di un singolo individuo che chiameremo il nostro cliente tipo. Focalizziamoci sui suoi interessi e indaghiamo sulle ragioni che lo potrebbero spingere a comprare proprio il nostro prodotto: lo intenderà come un investimento o, piuttosto, come uno sfizio? Ne avrà bisogno per aumentare il suo reddito, magari per lavorare meglio o, al contrario, ha già un reddito così elevato che non ha bisogno di badare a spese? In che maniera il prodotto migliorerà la sua vita? Lo aiuterà ad avere l'ammirazione degli amici, della moglie, dei figli? Potrà godersi meglio il suo tempo libero? Questi sono tutti aspetti importanti da tenere ben in considerazione quando creeremo una descrizione del nostro cliente tipo.

Sempre grazie ai nostri appunti, scriviamo ora una lista di benefici che il nostro amico vorrebbe ottenere con il nostro prodotto e teniamola sotto i nostri occhi in fase di redazione delle copie. Menzioniamo ripetutamente i benefici che il nostro target troverà allettanti e, se fatto correttamente, scopriremo che i lettori si collegheranno sempre più alle nostre pagine con significativi aumenti nelle vendite.

Scrivere per vendere

Un aspetto che molti bravi Copywriter non capiscono, è che scrivere per vendere e scrivere un saggio non sono affatto lo stesso esercizio. Certo, i buoni saggi devono essere persuasivi e ben scritti, ma se fossero scritti nello stile di una lettera di vendita la maggior parte dei lettori li troverebbe sgradevoli. Non deve quindi sorprendere che lo stesso si possa dire degli articoli per la vendita scritti come saggi: sarebbe inimmaginabile spiegare ai potenziali acquirenti i pro e i contro di un prodotto che intendiamo vendere, e ciò non ha niente a che vedere la parzialità o l'imparzialità del nostro lavoro. L'opera di un Copywriter deve essere energetica, diretta e convincente. Deve afferrare immediatamente l'attenzione del lettore e costringerlo a pensare ad un argomento preciso in favore del nostro prodotto; un buon articolo non è solo un buon pezzo di scrittura, ma un testo potentemente persuasivo che non fa prigionieri e si concentra strettamente su attirare, sedurre i consumatori e poi chiudere le vendite.

Quindi, se avete articoli pubblicati che, vi rendete conto, mancano di vitalità e potenza, mettetevi subito al lavoro per sistemarli. Non lasciate semplicemente che i visitatori si presentino e se ne vadano senza convertire; correggete le debolezze e rafforzate i vostri testi finché non saranno perfetti. Ecco 8 consigli che possono esservi utili in tal senso:

1. Siate diretti. Quando state scrivendo un saggio o un pezzo di narrativa, l'intelligenza e il linguaggio fiorito possono impressionare il lettore. Tuttavia, quando si tratta di vendite, la comunicazione vince su tutto il resto. Dite al vostro lettore esattamente cosa state vendendo, esattamente quello che costa ed esattamente perché deve comprarlo.

2. Servitevi di frasi e paragrafi brevi. Oggi è comune riferirsi a questo tipo di scrittura come

ideale per "lettori di Internet", adatta cioè al tipico navigatore di tutti i giorni che non ha il tempo, né molto spesso la voglia, di imbattersi in giganteschi muri di testo. Il pubblico vuole qualcosa che sia leggero e leggibile. E questo è esattamente ciò che un Copywriter deve produrre.

3. Non cercate di mantenere la scrittura uniforme per tutta la lunghezza dell'articolo. Concentratevi invece su cose diverse in parti diverse: all'inizio cercate di catturare l'attenzione del lettore; nel mezzo mostrate i benefici del vostro prodotto e, verso la fine, esercitate molta pressione sul lettore affinché compri e subito.

4. Usate frequentemente le liste. Se si vanno a leggere i blog e gli scritti dei Copywriter di successo, si potrà facilmente notare come la maggior parte di essi giuri sulla potenza dei punti elenco. La ragione è semplice: i punti elenco trasmettono una grande quantità di

informazioni in un formato che è scannerizzabile e piacevole da leggere.

5. Grassetto, corsivo ed evidenziazione. In un saggio sarebbe considerato di cattivo gusto sottolineare e mettere in evidenza particolari termini a discapito della loro spiegazione logica. In un articolo di vendita questo è un must assoluto. Il grassetto, il corsivo e l'evidenziazione, permettono infatti di ordinare ai lettori su cosa devono concentrare la lettura o, in alternativa, su cosa non è invece così terribilmente importante.

6. Usiamo i sottotitoli. I sottotitoli permettono di dividere l'articolo in diversi parti. Questo assicurerà che i nostri lettori siano in grado di seguire il nostro flusso di pensiero.

7. Lavora su affermazioni scioccanti e controverse, e poi sostienile. Fai un'affermazione grande e vera sul tuo prodotto e poi dimostra quanto è vero ciò che dici.

8. Evitare l'introspezione. Quando si tratta di vendite, il nostro obiettivo dovrebbe sempre essere quello di pensare e mirare al lettore. Cerchiamo quindi di rimanere fuori dalla nostra testa e concentriamoci su ciò che il lettore sta pensando.

Scrivere buoni titoli

Il titolo può invitare i consumatori a leggere il nostro articolo e a visitare le nostre pagine o, se scritto male, può allontanarli per sempre. Quando un lettore arriva per la prima volta sul nostro portale, inizialmente leggerà il titolo, che con ogni probabilità sarà collocato in alto, al centro della pagina in un grande carattere in grassetto, rosso o blu scuro. Prima che un potenziale acquirente cada sotto l'influenza della nostra persuasione, prima di comprendere se ha bisogno o meno del vostro prodotto, leggerà quelle parole introduttive. Se saranno avvincenti continuerà a leggere, statene certi, anche solo per soddisfare la sua curiosità. Se il titolo è buono, ma non eccezionale, il lettore potrebbe sentirsi obbligato a continuare la lettura. Se il titolo è mediocre deciderà rapidamente che nulla di buono potrà venir fuori dalla lettura del resto e chiuderà felicemente la pagina.

Un Copywriter non può permettersi di scoraggiare i propri lettori prima ancora che si addentrino nei loro testi. Deve anzi essere in grado di afferrarli presto e con fermezza, in modo che non abbiano alcun interesse a scappare e siano costretti dal desiderio o dalla curiosità a non distogliere lo sguardo. Questo è esattamente ciò che un buon titolo potrà fare per voi.

Quando si tratta di scrivere un buon titolo la tecnica è importante. Infatti, potrà sembrare strano, ma i migliori titoli spesso derivano da formule, piuttosto che da pura creatività, ed è per questo motivo che è importante sapere quali sono queste formule. Eccone dieci da mettere subito in pratica.

1. Usiamo trigger psicologici. Si tratta di parole scioccanti, esplosive, segrete e gratuite concepite affinché sortiscano l'effetto di attivare la mente del consumatore generando in lui interesse particolare.

2. Manteniamo i titoli corti e chiari. Idealmente, un buon titolo dovrebbe lasciare i lettori a desiderare di più, non a desiderare che ce ne sia di meno. Scriviamo frasi brevi, nitide e intriganti, piuttosto che lunghe, noiose e complicate.

3. Affidiamoci a formule. Piuttosto che provare qualcosa di sperimentale e creativo, introducete il titolo con qualcosa di semplice ma diretto, come "Ti piacerebbe..." o "Sapevi che 9/10 dei commercianti non hanno mai...". Assicuriamo poi di completare la frase in un modo che sia scioccante o intrigante.

4. Apriamo la nostra headline con frasi di questo tipo: "Metti fine al tuo problema una volta per tutte!". È succinta, chiara e arriva al cuore della questione: i lettori hanno un problema e noi abbiamo la soluzione.

5. Evitare di disinformare intenzionalmente. Quando il tuo unico obiettivo è quello di ottenere visualizzazioni delle pagine, può avere senso

creare titoli che siano fuorvianti, magari basati su giochi di parole più che su reali contenuti. Basti vedere qualsiasi versione online di un grande giornale per rendersi conto dell'efficacia dei depistaggi. Tuttavia, quando si scrive per vendere, questa non è una tattica consigliabile. Il nostro obiettivo è infatti quello di chiudere l'affare, non di favi leggere tout court. Non inganniamo dunque i potenziali clienti facendogli credere che troveranno qualcosa di diverso per poi deluderli quando invece dovresti chiudere una vendita.

6. Dichiariamo il più grande beneficio che il nostro prodotto possa offrire. Per esempio, diciamo che il nostro prodotto aiuterà i webmaster ad ottenere più traffico e, più specificamente, permetterà loro di migliorare le loro SERP su Google di 1-2 pagine per parola chiave, fino alle 500.000 ricerche al mese.

7. Scriviamo il nostro titolo alla maniera di un titolo di giornale. Per esempio: "Donna

californiana inventa una strategia per quadruplicare il traffico organico del vostro sito in meno di due settimane!".

8. Iniziamo il titolo con "Come fare per...". Può sembrare semplice, ma è veramente una delle migliori formule per mantenere l'interesse dei lettori.

9. Usiamo la parola "tu" almeno una volta nella headline. Parlare ai lettori direttamente li attirerà nella vendita e li renderà più propensi a continuare a leggere dopo il titolo.

10. Usiamo un carattere grande, in grassetto, rosso o blu scuro per il titolo. Il blu scuro ha dimostrato di mettere i lettori a proprio agio; e spesso li induce a rimanere sulla pagina più a lungo. Il rosso, d'altra parte, alza leggermente la pressione sanguigna e spinge le persone ad agire.

Un buon Copywriter dovrebbe provare a mescolare e abbinare queste tecniche di headline-writing. Osserviamo ciò che funziona meglio per noi nel tempo e manteniamo quella parte produttiva del titolo. Inoltre, scopriamo cosa non funziona e scartiamolo. Più saremo in grado di identificare e scartare i punti deboli dei nostri titoli, più essi garantiranno visite e conversioni. Come copywriter, una delle cose più utili da fare è creare un file di testo contenente tutti i nostri titoli. Questo ti darà una migliore possibilità di capire quali sono utili e perché.

CAPITOLO 4

Trucchi e strategie per aumentare i tassi di conversione

Oltre ad usare le strategie che ho delineato sopra, dovremmo anche dedicare del tempo a testare e monitorare i nostri risultati. Senza condurre test adeguati alla misurazione, non avremo i mezzi per determinare se è come il nostro articolo di vendita stia veramente funzionando.

Tracciare e testare i risultati è veramente un processo semplice, ma fatto male, i suoi risultati saranno inutili. È perciò importante che seguire un processo in quattro fasi così come delineato di seguito:

Step #1: Definiamo attentamente il nostro esperimento

Quando si tratta di ottenere un risultato scientifico valido, il nostro approccio dovrebbe sempre coinvolgere cambiamenti graduali e mirati, e dovrebbe tentare di mantenere tutto il resto costante. Per esempio, se decidiamo di cambiare tre parole nel nostro titolo, allora cambiamo solo quelle e poi monitoriamo i risultati per determinare se il nostro tasso di conversione è aumentato o meno. Se, d'altra parte, apportiamo ulteriori cambiamenti al corpo del testo e al titolo, potremmo non riuscire a separare ragionevolmente i due effetti diversi. Potrebbe anche darsi che uno stia contribuendo negativamente e l'altro stia contribuendo positivamente. Utile in tal senso, scrivere due titoli ben distinti per uno stesso prodotto e testare quale dei due ottiene i risultati migliori.

Step #2: Manteniamo tutto il resto costante

Quando si tratta di ottenere risultati affidabili e scientifici, tenere tutto il resto costante è fondamentale. Se le condizioni in cui vengono eseguiti i due esperimenti sono diverse, allora non sarà mai chiaro cosa sta guidando i risultati. Per esempio, un elemento che potrebbe confondere i nostri risultati è la qualità del traffico. Se usiamo la pagina di vendita sulla home page del nostro sito per testare e tracciare risultati, ma, man mano, aggiungiamo altre fonti di traffico, allora non avremo mai chiaro se i nostri risultati sono guidati dalla qualità del traffico o dai cambiamenti nel titolo.

Step #3: Raccogliere grandi campioni

Quando si tratta di monitoraggio e test abbiamo sempre bisogno di grandi campioni. Non è sufficiente guardare il tasso di conversione generato da 30 visitatori e non è saggio poi trarre conclusioni sulla base di questo. Come minimo, dovremmo aspettare che diverse centinaia di visitatori atterrino sulla nostra pagina e rispondano al cambio di copia prima di prendere qualsiasi decisione. Questo ci assicurerà di star procedendo nella giusta direzione.

Step #4: Prendere una decisione

Una volta che i risultati sono arrivati, è il momento di prendere una decisione. Guardiamo i tassi di conversione generati dalle due versioni della pagina di vendita e poi decidiamo se i risultati sono sufficientemente forti da meritare un cambiamento. Se lo sono, apportiamo il cambiamento e passiamo al prossimo test.

Ora possedete una potente strategia per valutare la qualità dei vostri stessi progetti. Mettetela al lavoro ogni volta che modificate un articolo di vendita e sarete piacevolmente sorpresi dai vostri risultati.

Trucchi per aumentare i tassi di conversione

Quando si tratta di Copywriting, il nostro obiettivo primario dovrebbe essere quello di convertire i lettori in acquirenti. Se il nostro tasso di conversione è dell'1%, allora dovremmo puntare al 2% e, se è del 2%, allora dovremmo puntare al 3%. Spingiamo noi stessi a migliorarci continuamente e vedremo che i risultati ci ripagheranno in margini di profitto sempre più consistenti.

Di seguito, considererò alcuni dei metodi che possiamo usare per aumentare i nostri tassi di conversione e, in generale, per spremere più denaro da ogni articolo di vendita.

I punti elenco

Se andassimo a parlare con la maggior parte dei Copywriter esperti, ci diranno che i punti elenco dovrebbero essere una parte prominente di qualsiasi articolo pensato per la vendita. Non importa se il testo è corto o lungo, i punti elenco riescono a compiere il lavoro meglio di qualsiasi altro artificio. Essi forniscono ai nostri lettori un mezzo semplice, uno specchietto riassuntivo quasi, per catturare un sacco di informazioni senza dover guardare attraverso una scrittura densa.

Oltre ad usare semplicemente i punti elenco con frequenza, si dovrebbe anche cercare di usarli nel modo giusto. Di seguito, una breve lista di modi in cui potete usare i punti elenco nel vostro testo e che dovrebbero aiutarvi ad aumentare significativamente i tassi di conversione:

1. Mantenere i punti elenco brevi. Se i vostri punti elenco sono in realtà paragrafi, state

facendo qualcosa di sbagliato. L'obiettivo dovrebbe essere quello di riassumere, non quello di espandere i benefici e le caratteristiche importanti del nostro prodotto

2. Alternare i punti elenco in grassetto e non in grassetto. I grandi Copywriter usavano spesso questa tecnica e sostenevano che rende più facile per i lettori la digestione di ogni punto elenco.

3. Comunicare solo un'idea per punto. I punti elenco funzionano meglio quando sono brevi e concisi, quindi evitate punti elenco lunghi e composti da più frasi.

4. Se avete diversi paragrafi grandi e densi che contengono molti pensieri, spezzateli in blocchi più piccoli di punti elenco. Questo migliorerà la leggibilità e il flusso del nostro articolo in generale.

5. Usate i punti elenco per convertire la copia lunga in copia breve. Se una lunga copia di

vendita sta convertendo male, allora cambiala in una più breve. Questo ha il potenziale per cambiare le cose e permetterci di aumentare il tasso di conversione.

Praticando queste regole in modo coerente nei punti elenco, la qualità delle nostre pagine di vendita migliorerà nel tempo. Si tratta semplicemente di fare pratica e osservare coloro che usano bene questa strategia.

Come usare i sottotitoli

Un equivoco comune tra i nuovi Copywriter è che i sottotitoli non siano importanti. Molti ritengono che tutto ciò che un buon pezzo richieda sia un titolo forte, un'introduzione convincente e una potente chiamata all'azione. In realtà, non c'è niente di più sbagliato. I sottotitoli sono importanti, addirittura fondamentali, perché permettono ai lettori di scremare tra gli articoli e sceglierli solo per i punti importanti. Se il nostro testo consiste in un paragrafo dopo l'altro senza una struttura ben definita, le uniche persone che si fermeranno a leggere saranno quelle che hanno lo stomaco per una prosa lunga e un interesse molto forte per il nostro prodotto o servizio. Il ché non è affatto un buon risultato e significa, in altri termini, che molti consumatori scivoleranno attraverso le crepe, ovvero svaniranno nel nulla. E quando le persone scivolano attraverso le crepe, i loro soldi scivolano attraverso le crepe con loro.

In breve, il sottotitolo rende più facile per le persone cercare le informazioni di cui necessitano ed usarle quelle per prendere una decisione definitiva d'acquisto. Quando si tratta di usare i sottotitoli, raccomandiamo di seguire 7 accorgimenti importanti:

1. Usiamo un carattere grande e in grassetto che sia più piccolo del nostro titolo, ma molto più grande del corpo del testo.

2. Dichiariamo il beneficio più importante che si potrà trarre dalla lettura della prossima sezione del nostro testo. Per esempio: "Rivelerò un segreto che spingerà i tuoi profitti nella categoria delle sei cifre". Nella sezione successiva andremo poi a discutere precisamente di quel segreto.

3. Pensate ai sottotitoli come una mappa stradale per i vostri lettori. Con questo in mente, cercate di trasmettere le informazioni più

importanti su ciò che avete da dire senza usare inutili giri parole.

4. Inseriamo prima i sottotitoli più scioccanti e più potenti (insieme alle le sezioni appropriate) e i punti elenco meno potenti dopo. Se le persone vedono prima i benefici apparentemente più deboli, potrebbero non essere motivati ad andare avanti.

5. Provate a riempire i vostri sottotitoli con trigger psicologici. Parole ed espressioni come scioccante, scientificamente provato, potente, esplosivo, segreto, nascosto, gratuito e limitato genereranno risposte positivi dei lettori.

6. Mantenete i sottotitoli brevi. L'obiettivo è quello di rendere facile e non dispendioso in termini di tempo per i lettori, scorrere il nostro testo e decidere di comprare. Aiutiamoli a raggiungere questo obiettivo creando sottotitoli brevi e nitidi.

7. Cerchiamo di emulare lo stile dei Copywriter

più esperti. Osserviamo come usano i sottotitoli nei loro lavori e cerchiamo di importare i loro metodi.

In breve, i sottotitoli sono un mezzo potente per organizzare il nostro lavoro. Usiamoli saggiamente e frequentemente e renderemo le nostre pagine di vendita più intellegibili e produttive.

Usare correttamente grassetto ed evidenziazione

Come ho detto prima, scrivere un saggio e scrivere un testo con obiettivi di vendita richiede abilità simili ma obiettivi distinti. Se stessimo scrivendo un saggio, sarebbe considerato poco sofisticato utilizzare il grassetto, evidenziare o mettere in corsivo alcuni tipi di parole o frasi. Al contrario, quando si sta scrivendo per vendere, è sia comune che utile mettere un accento grafico sulle parole più importanti, o chiave. Se chiedete alla maggior parte dei Copywriter consiglio su questo punto, vedrete che il loro ragionamento è piuttosto semplice: se si mette in grassetto o si evidenzia qualcosa, gli scrutatori lo vedranno.

Proprio come abbiamo creato i sottotitoli per dare ai consumatori una mappa stradale per navigare attraverso il nostro testo, dovremmo anche scegliere quali parole o frasi mettere in grassetto, in corsivo e cosa evidenziare per dare informazioni aggiuntive sul nostro prodotto.

Nell'elenco qui sotto, vedremo 3 degli aspetti più importanti da tenere in mente quando intendiamo valorizzare i punti chiave delle nostre copie:

1. Non modificate i caratteri del testo finché non avrete finito di scriverlo. Dovrete poi rileggere l'intera lettera di vendita almeno una volta e, strada facendo, capire quali elementi sono più importanti di altri. Siate parsimoniosi e evidenziate solo ciò che pensate sia veramente importante.

2. Per creare un effetto più forte, cercate di mettere in grassetto o evidenziare le parole alla fine delle frasi.

3. Una volta che avrete deciso i vostri mark-up iniziali, leggete di seguito solo i sottotitoli e il testo marcato. Se vi sembra che una lettura

rapidissima del vostro testo fornisca una quantità sufficiente di informazioni per poter prendere una decisione d'acquisto, allora probabilmente avete fatto un ottimo lavoro. In caso contrario, è il momento di rielaborare i grassetti, corsivi ed evidenziazioni.

In sintesi, i mark-up sono molto importanti. Essi rendono semplice per chiunque l'attività di scremare e catturare informazioni importanti per il processo di acquisto. Quindi, la prossima volta che starete rielaborando una copia destinata alla vendita, assicuratevi di mettere enfasi sui mark-up. Assicuratevi di averli fatti bene e assicuratevi che stiano fornendo informazioni utili al lettore.

Chiudere una vendita: le Call to Action

Non pretendo che chiudere una vendita sia l'unica cosa importante. Infatti, molti dei visitatori che leggeranno la nostra pagina di vendita se ne andranno senza comprare, per poi tornare un altro giorno per definire invece l'acquisto.

Piantare il seme della curiosità a volte può essere tanto importante quanto chiudere direttamente la vendita al primo tentativo.

Tuttavia, quando si tratta di scrivere copie per il commercio, chiudere la vendita è un aspetto essenziale. Se siamo bravi a farlo i lettori diventeranno acquirenti, se non lo siamo, i lettori spariranno e non è detto che decidano di tornare.

Quindi, come possiamo aumentare la pressione sul consumatore e chiudere le vendite?

In questa sezione mostreremo due strategie.

Mantenere l'interesse del lettore

Quando si tratta di chiudere le vendite, poche cose sono più importanti del mantenere sempre vivo l'interesse dei lettori. Se i nostri lettori si annoiano presto a causa di un testo scadente, non c'è quasi nulla che si possa fare per farli tornare in vita e, con ogni probabilità, se ne andranno molto prima di aver letto anche solo un quarto del nostro discorso. Al contrario, se afferriamo i lettori dall'inizio e aumentiamo il tono man mano che il testo va avanti, essi non avranno altra scelta che restare nei paraggi, e lo faranno non per darci il beneficio del dubbio, ma perché credono veramente che comprare ora signifighi un sicuro beneficio per le loro vite.

Quindi, la domanda da porsi è: come possiamo mantenere l'interesse dei lettori e incoraggiarli a tornare? Suggeriamo in tal senso di seguire i prossimi cinque passi:

Step #1. Trattare dei benefici e delle caratteristiche del prodotto in ordine di importanza

Iniziamo con il beneficio più importante del nostro prodotto e, di seguito, elenchiamo quelli sempre meno importanti. Questo è lo stile di scrittura più usato nei giornali, poiché l'idea è quella di concentrarsi sul mantenere l'interesse di una persona il più a lungo possibile. Nei quotidiani si può iniziare leggendo i primi paragrafi di un articolo e, se la storia sembra buona, si può continuare a leggere fino alla fine. Se invece ci stufiamo presto, almeno avremo ottenuto dai titoli le informazioni più importanti di cui abbiamo bisogno. Questa tecnica permette ai clienti più motivati per l'acquisto di smettere di leggere rapidamente e altrettanto rapidamente passare al pagamento.

Step #2. Modifichiamo le nostre copie di vendita

Praticamente senza eccezioni, la prima stesura di ogni testo è troppo verbosa e contiene troppe frasi di riempimento, inutili, pesanti e noiose. Quindi, una volta che avremo finito di costruire la nostra copia, leggiamola una seconda volta e, ove possibile, cerchiamo di eliminare qualsiasi materiale di riempimento in modo da sottolineare solo ciò che è più potente.

Step #3. Non lasciamo che le nostre copie perdano di intensità

È vitale che le nostre copie di vendita non perdano forza nel tempo. Sforziamoci di sostenerla introducendo col tempo, se è il caso, ulteriori benefici che meglio si adattano alle necessità del consumatore.

Step #4. Usiamo i bonus per mantenere vivo l'interesse dei lettori

Dopo aver finito di dettagliare tutti i grandi benefici del nostro prodotto, iniziamo a buttare dentro dei bonus, ovvero delle informazioni complementari ed utili, mentre ci avviciniamo alla fine della stesura. I bonus possono fare molto per rendere più piccante il tuo lancio del prodotto e convertire acquirenti improbabili in acquirenti definitivi.

Step #5. Introduciamo il prodotto alla fine della copia

Invece di aprire il nostro articolo con il nome e lo scopo esatto del prodotto in vendita, introduciamolo discutendo di un problema specifico che il lettore ha e che intende risolvere. Man mano che andiamo avanti, suggeriamo come quel problema potrebbe essere superato alludendo sottilmente a strategie e metodi dettagliati nel prodotto. Infine, una volta che abbiamo costruito un problema e ragionato sui metodi per contrastarlo, introduciamo il nostro prodotto come la soluzione definitiva a tutto.

In sintesi, cerchiamo sempre di mantenere alto l'interesse del lettore. Consideriamo come una parte vitale della creazione di una copia di successo, la vivacità e l'efficacità delle sue parole.

Usare correttamente le Call to Action

Un'altra parte importante della chiusura della vendita è l'uso di una potente Call to Action. Se non avete familiarità con il termine, una Call to Action indica semplicemente al lettore di comprare e, specificatamente, di comprare ora. Sfortunatamente, molti Copywriter non riescono ad avere successo in questo importante fase del loro mestiere, ovvero non sembrano in grado di costruire testi adatti a spingere i lettori a diventare acquirenti. Se vi trovate in questa situazione, come al solito, proponiamo alcuni passi da seguire per migliorarvi:

Step #1. Dire al lettore esattamente cosa fare

Di solito questa è la parte facile. Vogliamo semplicemente che il lettore si fermi a leggere e che passi poi subito all'acquisto. In alcune situazioni, tuttavia, il nostro obiettivo può essere un po' più sottile. È ciò che avviene per esempio, quando vogliamo che il lettore partecipi ad un conto alla rovescia per un acquisto, o quando desideriamo che si iscriva alla nostra Newsletter o alla nostra pagina. Qualunque cosa si desideri che facciano, assicuratevi di chiarire questo obiettivo prima di tutto per voi stessi. Una volta fatto questo, inserite il concetto nel testo ripetutamente e chiaramente. Dite ai lettori con assoluta precisione cosa dovranno fare, quando, come e perché, senza mezzi termini.

Step #2. Circondare la Call to Action con testo di supporto

Chiamare semplicemente le persone all'azione non è sufficiente. Se la nostra chiamata all'azione non è circondata da un testo pertinente e incoraggiante, può rischiare di non raggiungere l'obiettivo desiderato risultando grottesca e fuori luogo. Spieghiamo invece sempre, e bene, perché i problemi che si incontrano è improbabile che vengano risolti con altri prodotti. Nel momento in cui si arriva alla chiamata all'azione, il lettore dovrebbe essere ormai pronto a comprare.

Step #3. Rendiamo facile l'esecuzione della Call to Action

Se la vostra Call è difficile da seguire, aspettatevi che poche persone la seguano. Al contrario, se la chiamata all'azione è semplice e diretta, in molti state certi che la seguiranno. Questo è solo il modo in cui possono funzionare le cose. Per esempio, se dite ripetutamente alle persone di comprare ora, cercate di fornirgli anche un link che permetta loro di compiere l'azione immediatamente. Non vi accontentate semplicemente di inserire un unico pulsante "Compra ora" in fondo alla pagina, ma corredate il vostro testo di numerosi link che permettano, e spesso, l'accesso diretto alla pagina di acquisto.

In sintesi, una Call to Action potrebbe rendere inefficace una copia altrimenti brillante.

CAPITOLO 5

Passiamo all'azione: metodo AIDA e una strategia di 30 giorni

Finora abbiamo esaminato una vasta gamma di strategie diverse che possiamo usare per aumentare i tassi di conversione e, in generale, per rendere le lettere di vendita più coerenti e più efficaci. Una cosa che è stata vistosamente assente in tutte queste pagine, si tratta del metodo AIDA (Attenzione, Interesse, Decisione, Azione).

Se siete Copywriter relativamente esperti, c'è un'ottima probabilità che conosciate e abbiate usato il metodo AIDA. Tuttavia, se non ne avete mai sentito parlare, non preoccupatevi, il nostro ultimo capitolo è dedicato proprio a questo. Come detto, AIDA è un acronimo:

Attenzione

Quando si tratta di scrivere una copia per la vendita, il metodo AIDA ci dice di concentrarci prima di tutto sull'attenzione. Perché? Semplice, perché se non riusciamo a catturare l'attenzione di una persona fin dal primo momento, non ha senso andare avanti con il nostro discorso. Indovinate da dove si inizia a lavorare sull'attenzione? Ebbene sì, ovvio, proprio dal titolo. Come abbiamo detto prima, infatti, l'attenzione di un lettore inizia fin dal primo secondo e un buon titolo è la differenza tra una copia che converte l'1% e una copia che converte il 5%. Se catturiamo l'attenzione del consumatore immediatamente con il titolo, allora il resto della copia ci servirà solo per convincerlo a comprare immediatamente. Naturalmente l'attenzione non si conclude con le parole del titolo e starà a noi mantenerla alta in ogni singola parte del nostro lavoro.

Interesse

Il secondo componente del metodo AIDA coinvolge la costruzione dell'interesse. Questo processo, generalmente, si divide in tre step differenti:

Step #1. Introdurre un problema

Se abbiamo fatto correttamente la nostra ricerca di mercato, abbiamo anche capito su quali problemi inciampano continuamente i clienti del settore di vendita. Per esempio, se siamo nella nicchia del golf, i nostri clienti probabilmente lotteranno per mettere le loro palle in buca il più rapidamente possibile. Ebbene, il nostro prodotto è sicuramente progettato per affrontare almeno uno dei tanti problemi che i clienti della nostra nicchia incontrano continuamente. Facciamo un esempio: "Hai problemi con il putting? Il tuo gioco mentale non è abbastanza potente? Se è così, potresti soffrire di...". Dopo questa frase spiegheremo il problema tipico incontrato dai consumatori e ne tracceremo le soluzioni.

Step #2. Introdurre una soluzione al problema

Ora, per ottenere l'interesse dei lettori, dovremo introdurre una soluzione al suddetto problema. Una volta fatto questo, il lettore comincerà a nutrire nuove speranze, a fantasticare di potersi migliorare con una spesa immediata. Si consiglia, naturalmente, di muoversi sottilmente nella direzione del nostro prodotto, ovvero non introducendolo fin da subito. Cerchiamo di far comprendere al lettore che siamo lì per aiutarlo

Step #3. Introdurre il nostro prodotto come la soluzione

Ora che i lettori hanno passato del tempo a leggere del problema in questione e hanno considerato le soluzioni che voi gli avete suggerito, è il momento di costruire un ponte solido tra i due. Concentriamoci sui benefici, a corto e lungo termine, che il possibile acquirente potrebbe ricavare dall'acquisto rapido nella vita privata, nel lavoro, nello sport, ecc. Possiamo farlo con semplicità, spiegando in parole semplici i reali cambiamenti che avverranno.

Decisione

In questa fase del metodo si passa dalla presentazione del prodotto come soluzione al problema, all'introduzione di informazioni e materiale di supporto adatto per approfondire meglio la conoscenza del prodotto stesso. Il nostro obiettivo sarà quello di massimizzare le probabilità di vendita e, per farlo, offriremo abbondante quantità di materiale a supporto delle nostre parole: novità, raffronti, benefici, bonus, opportunità, ecc.

Azione

La parte finale dell'AIDA consiste nel dire alle persone di agire. In altri termini, questa è la nostra Call to Action che, non solo dovrebbe includere più link in tutto il corpo della copia, ma dovrà anche avere un finale e ben esposto "Compra ora" in fondo alla pagina. L'azione dovrebbe anche includere un p.s. e un p.p.s. dopo la firma del testo.

Una strategia di Copywriting da testare nei prossimi 30 giorni

Abbiamo ora esaminato una robusta panoramica su come diventare un maestro Copywriter. Abbiamo discusso i metodi specifici, le strategie generali e i dettagli. Abbiamo anche discusso delle insidie di certi approcci e ora, con tutta queste nuove conoscenze, passiamo all'ultimo e definitivo step che vi permetterà di potenziare in maniera sensibili il vostro lavoro.

Suddivideremo le fasi della strategia in settimane:

Settimana #1. Lavoro sulle abilità di base e sulle ricerche di mercato

Per almeno i primi tre giorni della settimana #1, concentratevi solo sulle competenze di base. Leggete più che potete e fate esercizi pratici e sistematici per aggredire le vostre debolezze grammaticali e stilistiche.

Siate severi con voi stessi e, se lo ritenete opportuno, chiedete a qualcuno di rileggere le vostre copie e di esprimere un suo parere.

Nel mentre che compirete queste attività, iniziate gradualmente la vostra ricerca di mercato. Se avete la possibilità, trascorrete del tempo conducendo sondaggi con la vostra clientela già esistente.

Cercate di estrapolare informazioni da loro e di imparare il più possibile, servitevi in tal senso anche dei Forum e non dimenticate di prendere più appunti possibile.

Settimana #2. Redazione di due copie

Nella seconda settimana lavorerete un po'
meno sulle vostre abilità di base e vi sforzerete
di metterle in pratica redigendo due copie.

Per farlo avrete ora a disposizione i risultati delle
vostre ricerche di mercato e i vostri appunti,
oltre alle conoscenze appena acquisite.

Mettete in pratica il metodo AIDA in una delle
vostre prime due copie, mentre per l'altra usate
qualsiasi maniera vi sembri più opportuna per
raggiungere l'obiettivo della vendita. Così
facendo potrete monitorare i risultati dei vostri
testi seriamente e con efficienza.

Non esitate a servirvi dei trigger psicologici,
sviluppate i titoli con attenzione e
ponderatamente, usate i sottotitoli come una
tabella di marcia e fate attenzione alla vostra
scelta delle parole in grassetto, in corsivo e
sottolineate. Una volta che avete completato le

due lettere di vendita, fatele leggere ad altre persone e chiedete loro di criticarle severamente.

Settimana #3. Apportate modifiche e compilate un file Swipe

Ora che avrete ricevuto serie critiche per ciascuna delle pagine di vendita create, è il momento di iniziare a rivederle.

Naturalmente, non dovreste semplicemente prendere tutte le critiche come verità assolute, ma dovreste piuttosto evitare di mettervi sulla difensiva e ignorare importanti deficit della vostra copia.

Durante la terza settimana vi dedicherete ad apportare modifiche ai due testi e inizierete a compilare il vostro primo file Swipe, ovvero file di Scorrimento: si tratta essenzialmente di una raccolta di lettere pubblicitarie, o copie di vendita, testate e comprovate.

È bene averne sempre uno, o più, a portata di mano.

Sarà vitale potersi servire di copie potenti in maniera rapida ogni qual volta ne sentiremo la necessità.

Settimana #4. Lucidare le copie e pubblicarle

Nell'ultima settimana andremo a dare il tocco finale alle due lettere di vendita che abbiamo creato e le pubblicheremo.

Tenete sempre a mente un aspetto importante: se le copie non funzionano, ovvero non generano conversioni, non dobbiamo in alcuna maniera abbatterci, anzi, dobbiamo utilizzare i fallimenti e le critiche nella maniera più costruttiva possibile.

Durante questa quarta settimana è opportuno lavorare sui testi in maniera puntuale, frase per frase, a partire dal titolo e dal sottotitolo, senza tralasciare alcun dettaglio per quanto insignificante possa sembrare.

Settimana #5. Pratica, perfezionamento, monitoraggio e test

Dalla settimana cinque in poi, il vostro obiettivo dovrebbe essere quello di mettere in pratica le vostre abilità, di perfezionare le lettere commerciali esistenti e testarle per monitorarne infine i risultati.

Dopo aver letto questa guida spero che abbiate imparato molto su ciò che significa essere un Master Copywriter: non si tratta solo di essere uno scrittore solido che conosce e adopera con intelligenza una buona grammatica, ma essere un Master Copywriter vuol dire anche avere completa padronanza di un'ampia varietà di tecniche e strategie di vendita. Non dobbiamo solo sapere come creare inneschi psicologici e costruire titoli vincenti, ma dobbiamo anche avere piena padronanza del potere di titoli e sottotitoli.

I consigli che possono essere dati ai principianti sono tanti e, per la maggior parte, sono contenuti nelle pagine di questo libro. Tuttavia, per concludere, ci sentiamo di confidarvi il suggerimento più importante di tutti, la chiave del successo: armatevi di pazienza, disciplina e tanta, tantissima, umiltà!

E-COMMERCE

CAPITOLO 1

Un po' di storia

Se oggi dovessimo fermarci a pensare agli e-commerce, ci verrebbero subito in mente i grandi colossi quali Amazon, eBay e Alibaba.

Effettivamente è anche merito loro se gli store online oggi sono così come li vediamo.

Gli e-commerce hanno conosciuto la propria evoluzione soprattutto grazie all'ascesa di Internet e all'evoluzione tecnologica, capaci di legare azienda e consumatore.

Ripercorriamo insieme, quindi, la storia degli e-commerce partendo dagli anni sessanta.

Amazon ed Ebay non sono state le prime società ad avventurarsi nel mondo delle vendite online.

La storia dell'e-commerce inizia negli anni Sessanta, quando due computer compiono la prima operazione di vendita online intesa come scambio di informazioni digitali.

La tecnologia alla base era l'Electronic Data Interchange (EDI), un sistema che andò a sostituire l'invio di documenti attraverso la classica posta e fax.

Una data importante per la storia degli e-commerce è il 1979, quando l'inglese Michael Aldrich, riuscì a collegare attraverso la linea telefonica un televisore ad un computer per elaborare le transazioni.

Questa fu la prima esperienza di teleshopping su cui si concentrò l'e-commerce come lo conosciamo oggi. L'inventore inglese permise così la comunicazione sia da azienda ad azienda (B2B) sia da azienda a utente (B2C).

L'invenzione di Aldrich fu alla base del Minitel in Francia a partire dal 1980.

Si trattava di una rete commerciale delle poste statali usata per effettuare acquisti online, prenotare treni, consultare i prezzi delle azioni e cercare numeri di telefono.

Nella storia degli e-commerce fu importante il protocollo TCP/IP, una nuova tecnologia che ancora oggi usiamo creata da ARPAnet, il progetto militare americano che portò alla nascita di Internet. Siamo sempre agli inizi degli anni Ottanta e grazie all'avvento della tecnologia, gli e-commerce iniziano a diffondersi rapidamente.

Gli acquisti online appena citati si basavano tutti sul pagamento alla consegna, per il primo acquisto con carta di credito bisogna attendere il 1994.

Nel 1990 Tim Berners-Lee, il papà di Internet, pone le basi per l'idea di web come lo conosciamo oggi, basandosi sugli ipertesti. Nascono le basi dell'Internet moderno che, con lo sviluppo dei sistemi di pagamento digitali, favorirono ancora di più la crescita degli ecommerce.

Nel 1994 l'imprenditore Dan Kohn effettua il primo acquisto online della storia degli e-commerce attraverso il portale Net Market.

Il primo prodotto acquistato online è un CD di Sting, comprato da un amico per circa dodici dollari. È la prima transazione online sicura nella storia degli e-commerce, effettuata con il browser Netscape e con il protocollo di sicurezza SSL.

Non si può parlare della storia degli e-commerce senza citare Jeff Bezos e Amazon.

Tale società nasce il cinque Luglio 1994, mentre il sito va online nel 1995. Nel suo garage di Seattle, Bezos sogna di vendere più libri possibili in tutto il mondo.

Il fondatore del famoso portale all'inizio scelse Cadabra come nome, ma uno dei suoi legali fece notare la somiglianza con la parola cadever ovvero cadavere. Perciò decise così di chiamare la società Amazon, e lo fece per diversi motivi. Innanzitutto iniziava con la lettera A, quindi, negli elenchi di ricerca sarebbe comparsa sempre in alto, inoltre ricordava il Rio delle Amazzoni, l'imponente fiume simile all'imponente attività che Bezos stava per iniziare.

Amazon oggi è una delle poche aziende ad aver raggiunto i mille miliardi di capitalizzazione, e non solo vendendo libri.

Il portale è riuscito a commercializzare ogni tipo di prodotto per soddisfare l'utente in ogni sua esigenza, con una gestione logistica invidiabile.

Nella storia degli e-commerce anche eBay ha la sua importanza.

Fondato da Pierre Omidyar, debutta online come Amazon nel 1995 ma con il nome AuctionWeb. Rispetto ad Amazon, eBay all'inizio nasce per le aste online, per dare spazio e voce a tutti i venditori e acquirenti.

Con il tempo introduce la possibilità di acquisto immediato senza il meccanismo delle aste.

Il primo prodotto della storia acquistato su eBay fu un puntatore laser rotto per circa quattordici dollari.

Il fondatore contattò l'acquirente per verificare se avesse realmente compreso l'acquisto e scoprì che l'utente era un collezionista di laser difettosi.

Nel 1997 cambia nome in Echo Bay, ma il dominio è già preso da una miniera d'oro e si opta per il semplice eBay. Nel 2002 il portale è cresciuto così tanto da acquistare PayPal, fondata anche da Elon Musk, rendendola poi indipendente nel 2015.

Infine, altro colosso è Alibaba, una società cinese con sede ad Hangzhou, fondata nel 1999 dall'imprenditore Jack Ma.

Si suddivide in diverse compagnie (Alibaba, AliExpress, Alipay, AutoNavi, Taobao, Tmall) in diversi settori: commercio online, servizi cloud, piattaforme di pagamento e compravendita.

Come gli altri competitor, la diversificazione dei prodotti è stato uno dei punti di forza per permette allo store di soddisfare ogni tipo di desiderio da parte del cliente.

Nel 2012 ha guadagnato circa centosettanta miliardi di dollari in vendite, più di Amazon ed eBay messi assieme.

Il boom degli anni 2000 avviene nello scenario di una progressiva diffusione della linea ADSL ad alta velocità nelle case di milioni di persone in USA e in Europa. Diverse aziende offrono i propri prodotti e servizi sul web.

Il termine e-commerce si è diffuso come quella attività di acquisto di beni e servizi su Internet attraverso pagamenti elettronici sicuri.

Vista la crescita del settore commerciale online e quindi la necessità di una comunicazione e di transazioni sicure nel 2004 viene fondata la

Payment Card Industry Security Standards Council (PCI) con lo scopo di creare degli standard di sicurezza.

La sempre maggiore diffusione di tablet e smartphone ha dato un nuovo input all'evoluzione dell'e-commerce con sempre più utenti collegati e nuove modalità di compiere le transazioni commerciali anche da mobile. Negli ultimi anni l'uso dei social network ha aperto nuove strade ai rivenditori online e ha creato nuovi strumenti di comunicazione tra cliente e aziende.

Il futuro porta con sé una nuova esperienza di shopping con contenuti di qualità e sempre più realistici sfruttando le tecnologie della realtà virtuale.

Dobbiamo dire, però, che il primo acquisto online in Italia risale al tre giugno 1998.

IBS.it era online da appena trenta minuti quando ricevette il primo ordine dalla

California: "La Concessione del Telefono" di Andrea Camilleri.

L'e-commerce nel nostro Paese ha visto negli ultimi anni un crescendo irrefrenabile, infatti, nel 2016 sono circa sedicimila le aziende con un fatturato generato dal comparto e-commerce in Italia pari a trentadue miliardi di euro.

La storia dell'e-commerce è la storia della nuova realtà digitale che si è arricchita grazie all'uso di Internet e delle nuove tecnologie digitali.

È un mondo che continuiamo a costruire passo dopo passo e destinato a migliorare e cambiare ancora di più l'esperienza online di acquirenti e rivenditori di tutto il mondo.

CAPITOLO 2

Che cos'è un e-commerce

L'e-commerce è un modo per effettuare transazioni di beni, servizi e informazioni attraverso Internet usando dispositivi elettronici senza bisogno di una mediazione fisica tra i partecipanti all'attività.

Perciò, non è necessaria alcuna struttura fisica come fare acquisti in un negozio tradizionale, infatti, l'eCommerce ha caratteristiche molto diverse da quelle del negozio tradizionale.

Le caratteristiche che lo contraddistinguono sono:

- Universale cioè l'utente può acquistare i prodotti in qualsiasi paese del mondo, non è necessario che l'utente si trovi nel proprio paese per eseguire l'acquisto. Va detto che in molti posti per acquistare in altri paesi sono necessari permessi o licenze da parte del venditore. Invece, queste barriere vengono sempre più eliminate e si può dire che l'eCommerce ha un carattere globale

- Uguale cioè tutti possono avviare un'attività elettronica in un determinato paese e vendere in qualsiasi altro paese o semplicemente nel proprio, questo significa che per iniziare l'attività da parte del venditore, può farlo in qualsiasi parte del mondo, solo loro devono rispettare l'attuale legge del paese in cui ha inizio l'attività elettronica

- Multidispositivo cioè il bene, il servizio o le informazioni possono essere acquisiti attraverso qualsiasi dispositivo elettronico, che si tratti di un laptop, un computer desktop, un telefono cellulare con connessione Internet o un tablet. Questo rende molto comodo per l'acquirente finale fare un acquisto e non dovrà acquistare prodotti molto costosi per eseguire la transazione

- Integrazione con i social network cioè questi permettono di interagire attraverso di loro con molti utenti, permettono di condividere le informazioni relative all'acquisto con i contatti che ogni utente ha sui social network ai quali è registrato. Inoltre, i social network permettono la pubblicità di beni, servizi o informazioni che gli utenti possono visualizzare

Che poi in realtà non esiste una definizione di e-commerce ben precisa che ci dica in maniera chiara cosa sia e di cosa si tratti.

Anche se Wikipedia ci offre una risposta sintetica: "E-commerce può riferirsi all'insieme delle transazioni per commercializzare beni e servizi tra l'offerta e la domanda, effettuate attraverso Internet".

In linea di massima, quindi, possiamo dire che

questa definizione è corretta, anche se in realtà entrano in gioco molte variabili che non vengono considerate.

Un e-commerce è composto da molti fattori, che ne distinguono la tipologia, e coinvolge diverse discipline: dall'informatica tecnica alla comunicazione, dal marketing alla grafica, fino alle questioni normative e legali.

Bisogna tenere conto anche delle motivazioni che spingono un'azienda a scegliere di vendere i propri prodotti o servizi attraverso internet, e trovare quali sono quelle che veramente basano una grande parte del proprio business sulla presenza online.

E per commercio elettronico cosa intendiamo?

Anche qui non esiste un'unica definizione di commercio elettronico.

Potremmo dire che è l'insieme delle transazioni che avvengono attraverso internet per commercializzare beni e servizi tra produttore o fornitore e consumatore.

Si tratta, quindi, di un'attività informatica e-commerce che si realizza sia con il servizio sia con il prodotto commercializzato attraverso il web.

Esistono diversi tipi di commercio elettronico, vediamo insieme quelli più comuni:

- Business to Business (B2B) ovvero lo scambio di forniture, prodotti o servizi tra un'impresa e l'altra. Questo tipo di commercio viene spesso automatizzato grazie a internet, e comprende un'area molto più vasta di scambi rispetto a quelli che avvengono direttamente verso il consumatore finale, perché ogni azienda ha necessità simili come ad esempio il trasporto, i servizi tecnici o informatici. Questi bisogni ovviamente vengono soddisfatti da altre aziende o imprese

- Business to Consumer (B2C) ovvero tutte quelle forme di vendita online destinate direttamente al cliente. Grazie al web la compravendita diventa più rapida, si salta il passaggio con gli intermediari e si garantisce spesso prezzi più accessibili e un'assistenza al cliente ventiquattro ore su ventiquattro

- Consumer to Consumer (C2C) si tratta di aziende che seguono un processo di acquisto simile a quello dell'azienda tradizionale. Le fasi del processo di acquisto sono varie, la prima cosa è che il cliente finale ordina l'ordine del bene, del servizio o delle informazioni di cui ha bisogno. Il passaggio successivo è per il cliente finale che assume per pagare ciò di cui ha bisogno

- Peer to Peer (P2P) ovvero la transazione tra individui di file o informazioni

- Business to Employee (B2E): ovvero la transazione dall'azienda ai dipendenti

Adesso che conosciamo la definizione di e-commerce dobbiamo parlare dei servizi e-commerce.

Sono, infatti, proprio questi ultimi che fanno la differenza: la facilità di uso, l'assistenza al cliente, la spedizione gratuita, la possibilità di reso, sono tutti aspetti del servizio e-commerce utilissimi per avere successo oggi con questo tipo di business e fanno davvero la differenza. Oltre al prodotto ed al modo in cui questo viene presentato al potenziale acquirente, sulla decisione di acquisto online influiscono infatti anche numerosi fattori ormai che sono considerati parte integrante delle politiche dei più grandi negozi online come Amazon, Zalando, Yoox, Privalia, Asos, e così via.

Quando un'azienda decide di aprire un e-commerce deve prima di tutto capire quali sono i vantaggi che questo business potrà portare al successo e nello stesso tempo non perdere di vista gli svantaggi.

Proviamo a fare una lista di aspetti positivi e negativi che andrebbero considerati per ogni iniziativa di vendita online.

Per quanto riguarda i vantaggi:

- Raggiungimento di un maggior numero di potenziali clienti cioè che si tratti di un B2B o di un B2C si sa che la rete apre le porte ad un potenziale infinito di persone che possono sfruttare l'e-commerce per conoscere l'azienda, chiedere informazioni o acquistare

- Abbattimento dei costi ovvero cercare di mantenere un e-commerce non costa quanto sostenere le spese di un negozio fisico, perché i costi di gestione online sono ridotti di molto

- Aggiungere un tassello importante alla comunicazione perché avere un e-commerce per un'azienda già avviata è un buon modo per avere ulteriore visibilità sul web, raggiungendo un maggior numero di persone e sfruttando l'occasione per generare interazioni online

Per quanto riguarda gli svantaggi:

- Pagamenti online cioè bisogna tenere conto che, nonostante la crescita ci sia anche in Italia, molte persone sono ancora diffidenti ad acquistare online, perché non conoscono bene tutte le procedure che ci sono dietro e temono di poter diffondere i propri dati bancari sul web

- Pratiche scorrette perché oltre a non cadere in pratiche commerciali scorrette, bisogna saper gestire le richieste dei clienti, che a volte non sono proprio consone con quello che ci si aspetta una volta aperto l'e-commerce

- Piano di business perché anche per gestire un e-commerce occorre avere una valida strategia, oltre al tempo e al personale adeguato che si occupa di aspetti legali o di marketing

In Italia gli acquisti online sono in costante aumento, e l'avvento del Covid-19 ha incrementato notevolmente il volume di vendite a distanza con picchi che hanno sfiorato il trecento percento, tuttavia, ancora poco rispetto ad altri paesi come la Gran Bretagna.

E' proprio questo il momento di investire in un e-commerce per arrivare prima dei propri concorrenti a raggiungere clienti che cercano sempre più spesso online i prodotti di cui hanno più bisogno.

CAPITOLO 3

Aprire un e-commerce

Aprire un E-commerce, se non si hanno alcune informazioni essenziali può essere più facile a dirsi che a farsi.

Con l'evoluzione di molti settori del commercio elettronico nel 2020, attivare uno store online, magari complementare al punto vendita fisico, è un tema molto attuale soprattutto per quelle attività che hanno vissuto un calare delle vendite nel negozio tradizionale.

Aprire un E-commerce non è sinonimo di vendere online.

Vendere online si riferisce a tutte quelle forme di vendita su canali digitali, per esempio attraverso marketplace su siti e piattaforme di annunci, inclusi i social network, tipicamente indicate per attività immediate e non professionali.

Esistono alcuni elementi fondamentali per aprire un e-commerce che sono necessari per rispettare tutte le normative vigenti.

In particolar modo per tutti i venditori professionali sono necessari: l'apertura di una partita IVA perché senza non sarà possibile attivare un e-commerce professionale oltre all'iscrizione al Registro delle Imprese, all'apertura delle posizioni contributive ed assistenziali e alla comunicazione di inizio attività.

Da un punto di vista finanziario, è necessario anche aprire un conto corrente intestato alla società dove verranno accreditati i profitti delle vendite e addebitati costi e commissioni.

Possono esserci altri passaggi burocratici che servono per essere in regola e possono dipendere, ad esempio, dalla tipologia di prodotti venduti o dalla vendita al di fuori dell'Unione Europea.

Il consiglio per questa fase più delicata è quella di rivolgersi ad un commercialista specializzato, per avere il supporto di un professionista ed evitare eventuali intoppi futuri.

Una volta chiarito l'aspetto burocratico, possiamo occuparci delle attività principali necessarie esclusivamente all'apertura e alla gestione di un E-commerce.

Il sito dello store online rappresenta la nostra attività principale, esattamente come il punto vendita per chi vende offline.

Un negozio che non sia facilmente raggiungibile, disordinato e con poco spazio tra gli scaffali lo rendono sicuramente scomodo da visitare e rischia di non avere successo.

Per il nostro e-commerce valgono gli stessi principi. Facciamo in modo che l'esperienza di acquisto sia unica, che la navigazione tra cataloghi, prodotti e servizi sia fluida e che concludere un acquisto richieda pochi semplici passaggi senza intoppi.

Proprio perché si tratta di una componente strategica, per lo sviluppo del sito è consigliabile rivolgersi a dei professionisti. Esistono freelance ed agenzie specializzate che offrono sviluppo e manutenzione del sito, in base alle esigenze personali e alla tipologia di e-store oppure possiamo affidarci a piattaforme come Vidra, che offre tutti gli strumenti per creare e gestire uno store online.

Una volta scelto a chi affidare la creazione del sito web, mettiamoci nelle mani della loro esperienza, ma teniamo in mente un paio di elementi importanti.

Il primo è che sia responsive, nel senso che si dovrà adattare automaticamente alle diverse dimensioni degli schermi di oggi, soprattutto mobile. Sempre più utenti infatti fanno i loro acquisti da smartphone. Lo shopping in mobilità quindi è diventato ormai una realtà a tutti gli effetti e di conseguenza va tenuto in seria considerazione.

Il secondo è che i siti possono essere sviluppati in due modi: scritti completamente in codice o creati attraverso piattaforme di gestione dei contenuti che si chiamano CMS. Nel primo caso, il sito sarà esattamente come lo vorremo in tutto e per tutto, ma in questo caso ci costerà un po' di più.

Nel secondo caso, dovremo scendere a qualche compromesso, ma i CMS sono strumenti sempre più usati e molti dei siti che navighiamo regolarmente sono costruiti proprio su queste piattaforme.

C'è poi da considerare anche quale servizio di hosting dobbiamo scegliere, cioè l'azienda che offre lo spazio sul quale pubblicare il sito. Spesso chi si occupa dello sviluppo suggerisce anche il partner per questa esigenza, in ogni caso, basterà sapere che la velocità di navigazione e accesso al nostro store online dipende anche dalla qualità del servizio offerta dalla società di hosting, quindi, meglio prestare molta attenzione anche a questa scelta.

Magazzino, spedizioni e resi sono tre fattori fondamentali in quanto sono legati tra di loro e l'eccellenza in questi ambiti ha fatto la fortuna di grossi siti come Amazon.

Una gestione efficiente del magazzino può avere molti vantaggi, sia dal punto di vista dei costi sia da quello dell'esperienza del cliente. Maggiore sarà l'organizzazione e minore sarà il tempo necessario per la spedizione della merce, la conseguenza sarà avere un cliente più soddisfatto visto che si riducono i tempi per la ricezione dei prodotti acquistati.

Anche la gestione dei resi è importante perché possono convincere il cliente a restarci fedele e a non preferire un concorrente che ha tempi lunghi di gestione delle restituzioni o costi proibitivi.

Ci sono poi tantissime attività di marketing che possono contribuire al successo della nostra attività.

Tra quelle più importanti troviamo SEO e SEA, acronimi di Search Engine Optimization e Search Engine Advertising che insieme sono tutte le attività, a pagamento e non, per far trovare più facilmente il nostro sito web sui motori di ricerca.

Visto e considerato che oggi, oltre il novanta percento delle pagine web nel mondo è invisibile per Google, è molto importante investire affinché il nostro store online rientri nel restante dieci percento.

Anche per queste attività esistono specialisti di settore e come per qualsiasi altra professione è bene rivolgersi a loro per raggiungere i risultati prefissati.

Importanti sono anche le recensioni, le attività di e-mail marketing e il presidio dei canali social.

L'ultimo passaggio di un acquisto, online o offline, è il pagamento.

Un sistema di pagamento ben integrato può fare la differenza e convincere il nostro cliente a tornare oppure a scegliere un nostro concorrente per gli acquisti futuri.

Anche in questo caso i fattori da tenere in considerazione sono molti, la scelta del partner giusto per la gestione degli incassi del nostro e-commerce può essere il successo del nostro business.

Occorre, però, decidere che tipo di integrazione si sta cercando. Si può scegliere un sistema semplice, poco personalizzabile e magari con costi variabili in base al transito, oppure soluzioni più personalizzabili, con maggiori funzionalità e costi che dipendono dai servizi a valore aggiunto attivati.

In base al target di riferimento è bene valutare

quali sistemi di pagamento integrare.

Ad esempio, per una clientela giovane è
possibile attivare i wallet di pagamento più
comuni sugli smartphone, come Apple Pay e
Google Pay, mentre se si vendono prodotti a
clienti cinesi, è importante valutare strumenti
come Alipay, WeChat Pay e Unionpay.

Se poi il target di riferimento è il B2B, MyBank
e iDEAL possono fare la differenza ed
aumentare il tasso di conversione del nostro
carrello.

Un'altra componente strategica è la
prevenzione frodi.

Oggi esistono piattaforme che, grazie ad
intelligenza artificiale e machine learning,
possono ridurre le frodi e nello stesso tempo
aumentare le vendite grazie alla loro capacità
di ridurre i falsi positivi, ovvero quelle
transazioni cosidette genuine identificate
erroneamente come fraudolente.

Una piattaforma di prevenzione frodi efficace è un'arma in più anche in termini di customer journey, perché riduce la frizione in fase di checkout e rende più piacevole e veloce la fase di pagamento.

Parliamo, ora, di un argomento leggermente più spinoso, ovvero quello legato ai costi dell'apertura di un e-commerce.

È difficile dare una risposta precisa a questa domanda perché molto dipende da qualità e personalizzazione dei servizi scelti.

Sul web, esistono poi agenzie ed aziende che propongono pacchetti che includono alcuni dei servizi che abbiamo elencato o addirittura una gestione chiavi in mano di tutto l'e-commerce.

È possibile identificare delle classi di costi per l'apertura di un e-commerce:

- Setup, attivazione contratto o sviluppo. Spesso le aziende prevedono dei costi fissi, una tantum, per l'attivazione o erogazione di un servizio. Nel caso dell'attivazione di un e-commerce, possiamo parlare del costo di sviluppo del sito, l'attivazione del gateway di pagamento e anche l'impostazione di un progetto di marketing

- Manutenzione o canoni piattaforma e CMS, qui, parliamo di operazioni legate al mantenimento del sito, aggiornamento del catalogo prodotti, gestione del magazzino, hosting e accesso a piattaforme di incasso. Voci di costo che vanno previste periodicamente e definite in fase di contratto

- Commissioni sul transato, cioè, solitamente vengono applicate in forma fissa o variabile sull'importo del transato. Possono cambiare in base allo strumento di pagamento usato dal cliente e vengono decurtate in automatico dagli incassi o addebitate in un secondo momento

- Costi accessori e variabili che possono essere bolli ed oneri dovuti allo Stato, costi una tantum di consulenza, budget per campagne di advertising e così via

Un ulteriore aspetto importante per avere successo con il nostro e-commerce è quello di avvalersi di un team formato solo da professionisti specializzati in ogni ambito di riferimento.

In particolare i professionisti di cui avremo bisogno sono:

- E-commerce manager ovvero la figura principale, quella che stabilisce gli obiettivi del sito, propone il budget da destinare, controlla la buona riuscita di tutte le operazioni e gestisce il marketing

- Web developer ovvero il programmatore, il responsabile del reparto tecnico, colui che si occupa di costruire e aggiornare la piattaforma, correggo eventuali difetti e malfunzionamenti

- Graphic designer colui che cura l'aspetto estetico del sito

- Tecnico dell'immagine fotografica e multimediale colui che si occupa di fotografare, filmare e produrre tutte le immagini e i video presenti sul sito

- Seo Specialist colui che si occupa di pianificare la strategia seo, individuare le parole chiave, monitorare e migliorare il posizionamento

- Digital Media marketing manager colui che individua i canali preferenziali di comunicazione e stabilisce il budget da destinare alle operazioni di marketing

- Copy e content creator colui che si occupa dei contenuti digitali destinati al marketing

- Social media manager colui che si occupa delle pubblicazioni, inserzioni e budget dedicato a tutto ciò

- Marketplace Specialist colui che si occupa dei dati relativi ai trend di mercato e migliora la presenza aziendale sui marketplace

- Customer care manager colui che gestisce le richieste dei clienti attraverso telefono, mail e chat

- Warehouse manager colui che si occupa dello stoccaggio delle merci, della logistica e dell'invio dei colli

In conclusione, aprire un Ecommerce può essere dispendioso, non solo in termini economici, ma è un elemento chiave per trovare il consumatore che non si affida più esclusivamente solo a punti fisici per i propri acquisti, ma con un business plan ben costruito e strategie solide a supportarlo, le opportunità offerte dal canale digitale permettono di raggiungere potenziali clienti in tutto il mondo.

CAPITOLO 4

La piattaforma di e-commerce

La scelta della piattaforma più adatta al nostro e-commerce è ovviamente un aspetto molto importante.

Un'azienda può decidere di lavorare contemporaneamente su più piattaforme ammesso che siano tutte produttive e che la spesa di gestione e manutenzione risulti sostenibile.

Oggi ci sono tantissime possibilità sia gratuite che a pagamento per creare un negozio online.

Fondamentalmente, un negozio online può essere creato attraverso due piattaforme diverse ovvero le piattaforme CMS o quelle CD.

Le prime piattaforme permettono al cliente di poter gestire i contenuti del sito in completa autonomia, senza dover conoscere i diversi linguaggi di programmazione web.

Il CMS è uno strumento molto flessibile e altamente consigliato, per tutti coloro che hanno bisogno di un sito web dinamico, dove i contenuti vengono aggiornati con una certa frequenza.

Esistono sostanzialmente due tipologie di piattaforme CMS:

- CMS proprietaria, ovvero quelle che vengono sviluppate dall'agenzia web o dal professionista. In questo caso il codice sorgente non viene quasi mai rilasciato al pubblico

- CMS open source, le più famose WordPress, Joomla, Drupal. Queste piattaforme sono sviluppate da una comunità di programmatori volontari e il codice sorgente è di dominio pubblico. Per poter usarle non è necessario il pagamento di alcuna royalty, in quanto sono per l'appunto, open source.

La grande differenza tra queste due piattaforme risiede proprio nella proprietà del codice. Se in un caso il codice sorgente viene sviluppato solo da un ristretto numero di programmatori e non viene reso di pubblico dominio, nell'altro la caratteristica è proprio la libertà di accesso.

La conseguenza è che molte persone possono contribuire allo sviluppo del CMS open source, ma il risvolto della stessa medaglia mostra una maggiore vulnerabilità, dato che un più alto numero di malintenzionati può avere la possibilità di scoprire falle e vulnerabilità del sistema.

Perciò, se ci viene proposto di realizzare un sito che usa un CMS open source, abbiamo due possibilità per evitare il rischio che diventi obsoleta e vulnerabile ad attacchi informatici: o ci viene fornito il supporto da parte dell'agenzia o comunque di un professionista che ha realizzato il sito, oppure impariamo ad aggiornare autonomamente il CMS installato e a gestire i possibili conflitti che possono sorgere dopo l'aggiornamento.

Per quanto riguarda, invece, le piattaforme CD, il loro sviluppo è molto più complesso, più costoso e adatto soltanto ai veri professionisti del settore in quanto consiste nel costruire un sito da zero e garantirne nello stesso tempo la manutenzione e l'aggiornamento. Attraverso queste piattaforme il sito può essere personalizzato tantissime volte a proprio piacimento.

La scelta della piattaforma, quindi, risulta essere molto delicata, anche perché il consumatore di oggi ha delle aspettative molto alte, tutto deve essere a portata di click, perciò la piattaforma scelta deve soddisfare le esigenze sia in termini di tempo che nell'acquisto finale.

Per questo la piattaforma deve essere adatta alle esigenze di mercato e cioè soprattutto alla possibilità di poter connettersi dal proprio dispositivo mobile.

Ovviamente il tutto sarà più definito dal budget che avremo a disposizione.

Inoltre per attrarre un maggior numero di visitatori occorre curare anche l'aspetti estetico e il design.

Importante, in tal senso, è l'interfaccia grafica del nostro sito ovvero la facciata e il messaggio che si intende comunicare ai visitatori che ovviamente dovrà essere di forte impatto per evitare che gli stessi lascino immediatamente il nostro sito di e-commerce per prediligere magari altri.

Ogni pagina del sito deve essere ben curata e ogni dettaglio deve essere ben chiaro come ad esempio:

- Layout snello e definito con pochi colori

- Prezzi chiari, definitivi ed identificabili con semplicità

- Link più evidenti rispetto a tutto il resto

- Carrello ben visibile in alto a destra

- Barra di ricerca deve fornire risultati in modo veloce

- Contenuti coerenti con la vetrina, con le tendenze di ogni tipo

- Contenuti multimediali chiari e definiti

- Colori caldi, positivi, ospitali

Quindi, tutti questi sono aspetti molto importanti per una piattaforma e per aumentare il livello di usabilità della stessa.

La struttura di un e-commerce deve rispecchiare idealmente la struttura di un albero dove il tronco sarà rappresentato dalla home Page, i rami più grandi dalle pagine principali, i rami più piccoli dalle sottocategorie, le foglie dai prodotti messi in vendita.

All'interno di questo grande albero il consumatore dovrà essere in grado di navigare con estrema semplicità e velocità.

Oltre a questi aspetti, la piattaforma o meglio il sito del nostro e-commerce deve rispettare altri criteri ovvero:

- La lista dei prodotti o meglio il catalogo deve essere sempre aggiornato e deve essere di facile consultazione

- Il carrello deve essere sempre ben visibile e deve riportare l'anteprima dei prodotti scelti e il prezzo finale

- Checkout ovvero le procedure di pagamento devono essere sicure ed ottimizzate

Se tutte queste funzionalità agiscono in modo corretto e sincrono tra di loro, allora il risultato sarà molto più che soddisfacente.

CAPITOLO 5

Dropshipping

Il dropshipping è un metodo di vendita che può essere applicato all'e-commerce e consiste nel vendere un prodotto online senza averlo materialmente in un magazzino di stoccaggio. Gli articoli, quindi, non sono posseduti concretamente dal venditore, ma vengono proposti agli acquirenti facendo da tramite tra il pubblico e il fornitore.

Tutto ciò è possibile perché alla base esiste un accordo commerciale tra venditore dropshipper e fornitore primario, in un'ottica di vantaggio per entrambi.

In concreto, facendo un esempio pratico, un utente si dedica allo shopping online e sceglie un articolo da una piattaforma e-commerce. L'articolo scelto però non viene venduto direttamente dal negozio online, che effettivamente non possiede questo oggetto: il prodotto è in mano al fornitore, che si occuperà anche della preparazione e della spedizione all'acquirente. Quindi l'utente compra attraverso il portale ma non dal portale e cioè dal fornitore.

Per avviare un'attività di dropshipping bisogna mettere in conto un investimento non tanto importante, ma comunque nemmeno nullo. Infatti, per dare il via al tutto sarà necessario:

- Acquistare un dominio su internet

- Costruire il proprio sito di e-commerce affidandosi a professionisti

- Analizzare il mercato per capire quali settori sono vantaggiosi, se scegliere di vendere prodotti di nicchia oppure prodotti più diffusi

- Avviare una campagna di marketing perchè il posizionamento sul web è fondamentale per farsi conoscere sia dai clienti che dai fornitori

- Entrare in contatto con i fornitori di tutto il mondo e se necessario incontrarli e perciò viaggiare

Ovviamente come per tutte le cose anche il dropshipping presenta i suoi vantaggi e svantaggi. Sicuramente uno dei più grandi vantaggi che rende il dropshipping molto interessante per chi si appresta ad avviare un'attività commerciale online è che richiede costi iniziali minimi.

I costi sono così ridotti perchè bisogna solo avere un sito e non richiede gli investimenti che servono per aprire un negozio.

Inoltre, non sono previsti i costi di gestione del magazzino perché il magazzino non esiste: ci si rivolge direttamente al fornitore che oltretutto sarà pagato soltanto quando i prodotti saranno venduti. Non è necessario pagare in anticipo la merce con il rischio di indebitarsi e di avere dell'invenduto.

Quindi, si risparmia non solo denaro, ma anche tempo. Infatti, tutto il lavoro viene svolto online semplicemente inoltrando l'ordine al fornitore. Non ci si deve occupare di impacchettare o spedire il prodotto, perché anche la logistica rientra nelle competenze del fornitore.

L'intermediario non deve nemmeno svolgere l'inventario perché ci pensano i fornitori, sia che si tratti di grossisti sia che si tratti di normali commercianti.

Inoltre, questo sistema è utile per ampliare la propria clientela a livello mondiale perché si possono avere fornitori da tutto il mondo.

Da sottolineare, anche, che dal punto di vista fiscale la gestione di un e-commerce, in generale sia che pratichi dropshipping che no, è più snella rispetto a quella di un negozio fisico, un esempio concreto è che non sarà necessario fare lo scontrino elettronico per l'e-commerce.

Anche il fornitore trae vantaggio dal sistema di dropshipping perché in accordo con il compratore guadagna la presenza online, laddove magari il proprio e-commerce non avrebbe la stessa diffusione.

L'intermediario, infatti, dovrà occuparsi di gestire al meglio il marketing per diffondere e imporre la propria presenza online, a vantaggio anche del fornitore che non dovrà pensare a farsi pubblicità da solo.

Per il cliente, inoltre, dropshipping significa avere una maggiore scelta di prodotti a propria disposizione, con oggetti di fornitori da tutto il mondo, per cui potrà scegliere ciò che più gli piace e rispecchia i suoi gusti personali.

Detto così sembra tutto perfetto, ma come per ogni ambito non mancano gli svantaggi.

Questi sono costituiti in primis dalla necessità

di trovare fornitori che abbiano prodotti di qualità e siano affidabili, per non ritrovarsi con ordini inoltrati, ma mai spediti.

Inoltre, esistono anche svantaggi dal punto di vista economico perché nonostante il capitale iniziale da investire in un'attività di dropshipping sia molto basso e non ci sia il rischio di trovarsi nelle condizioni di non poter pagare i fornitori, il guadagno effettivo è piuttosto misero, soprattutto inizialmente.

Dal prezzo pagato dall'acquirente bisogna infatti sottrarre il costo del produttore e le spese legate al marketing.

Quindi, per guadagnare molto, in questo sistema è necessario avere molti clienti e fornitori convenienti.

Inoltre, il sistema del dropshipping può essere usato per compiere truffe da soggetti malintenzionati, sotto più punti di vista.

Ad esempio, possiamo pensare

all'intermediario che trattiene i soldi del cliente, ma non inoltra l'ordine al fornitore.

Oppure, un fornitore che raggira l'intermediario, magari chiedendo di essere pagato non in base alla vendita del prodotto, ma mensilmente.

Insomma, è necessario come sempre quando si tratta di acquisti in rete, prestare molta attenzione all'affidabilità dei soggetti coinvolti nel sistema.

Nelle community online dedicate al dropshipping e in generale al commercio elettronico è possibile trovare elenchi di dropshipper con le relative recensioni di anno in anno perché in tal modo avremo un confronto con altri utenti che sarà utile per esempio a cercare quelli che sono considerati i migliori dropshipper in Italia.

Tuttavia, non esiste una lista professionale ufficiale dove i fornitori sono tenuti a iscriversi, per cui il rischio di trovare figure poco serie deve spingere l'imprenditore digitale ad avere massima cautela e attenzione.

Per cominciare occorre identificare quali sono gli opportuni canali di distribuzione per il proprio settore: se i grossisti, o i piccoli produttori locali.

Un'indagine online attraverso il motore di ricerca può aiutare l'intermediario a dividersi tra le tante presenze online per cercare quelle che sono più adatte a sé stesso.

Bisogna anche fare un'analisi dei costi, capire quali sono i soggetti più convenienti, prendere contatti o magari effettuare visite per conoscersi di persona.

A questo proposito, sono utili anche le fiere di settore o quelle dedicate all'e-commerce, dove fare networking e conoscere dropshipper e altri intermediari per scambiarsi opinioni, consigli e idee su come agire al meglio per portare avanti il proprio business digitale.

La pandemia di coronavirus nel 2020 ha creato nuove sfide per le aziende, chiuse o soggette a delle limitazioni per molto tempo con la conseguenza di aver avuto ricadute economiche e sociali significative.

In linea di massima si è verificato un ricorso agli strumenti di vendita online, soprattutto durante il lockdown completo in primavera quando non era consentito tenere aperti negozi e imprese.

Tali problemi possono essersi verificati per chi si occupava in quei tempi di dropshipping per eventuali crisi dei fornitori, ritardi nella consegna della merce e nelle spedizioni.

Quindi, il dropshipping rappresenta sicuramente un sistema molto interessante da sfruttare nel migliore dei modi soprattutto oggi che la concorrenza in Italia non è ancora così eccessiva: un modo semplice, immediato ed efficace per fare un business online senza investimenti iniziali, a parte quelli legati alla gestione del sito.

Questo modello di business è adatto a tutti ammesso però che si abbia un certo livello pazienza per imparare e di avere un minimo di fiuto per gli affari.

Si tratta di un'attività imprenditoriale adatta anche a coloro che sono alle prime armi, in quanto i costi relativamente bassi per avviare l'attività e i rischi minimi, rendono il dropshipping un ottimo modo per muovere i primi passi nell'ambito delle vendite online.

Proprio per i motivi appena menzionati, anche chi ha poco denaro da investire può trovare in questo modello di business un buon punto di partenza per poter guadagnare denaro.

Infine, un altro motivo che permette al dropshipping di essere così interessante è che, consente di prendere confidenza con una particolare nicchia, studiare i pregi, i difetti, ma soprattutto le potenzialità.

Particolari eventualmente da sfruttare in un secondo momento con altre tipologie di vendita online.

Tra i requisiti per essere un ottimo dropshipper troviamo sicuramente quello di avere una certa conoscenza del marketing, almeno quelle che sono le basi e di come funziona l'advertising online. Bisogna infatti tenere conto che, nella maggior parte dei casi, si vanno a trattare dei prodotti che non sono unici e che vengono venduti anche altrove. Non potendo contare sull'unicità della merce, l' importanza del marketing viene aumentata esponenzialmente. In tal senso è bene avere conoscenze nell'ambito di:

- SEO, per posizionare il proprio e-Commerce e per avere maggiore visibilità sui motori di ricerca, inoltre, a questo proposito è fondamentale la link building

- Influencer marketing perché negli ultimi tempi è la strategia più usata per vendere i propri prodotti in dropshipping ovvero proprio quella di usare Influencers che sponsorizzano il proprio e-commerce e attraverso questa strategia potremo raggiungere migliaia di potenziali clienti in pochissimi giorni

- Google AdWords e Facebook Ads, per poter effettuare pubblicità a pagamento, ottimizzando i costi

- Social Media Marketing, per poter spingere i propri prodotti anche su Facebook, Instagram e altri social

Conoscendo questi settori, è possibile già capire in partenza, in base al tipo di prodotto trattato, quale potrebbe essere il canale da prediligere.

In caso di dubbi comunque, è possibile stanziare un budget ridotto per tutte le vie che potranno essere intraprese con il solo scopo di trovare quali siano le soluzioni migliori.

Nel caso non si abbia particolare dimestichezza con i codesti temi, è opportuno assumere persone che se ne occupino.

In questo caso però, com'è facile capire, i costi risulteranno decisamente maggiori.

Anche se una volta avviata tale attività risulta abbastanza facile da gestire, vanno ricordati alcuni dettagli importanti. Risulta praticamente impossibile non aprire la partita IVA.

Per sua natura, infatti, la vendita online non è occasionale e difficilmente il giro d'affari di chi vende sul web è inferiore ai cinquemila euro annui.

Dunque risulta fondamentale avvalersi di una partita IVA e del servizio di un ottimo commercialista.

Va detto che, per poter avere un po' di respiro agli inizi, è possibile affidarsi al regime forfettario che garantisce un minimo di manovra in più per chi vuole avviare un'attività di questo tipo.

Il secondo passo è decidere quale tipo di piattaforma usare. In tal senso, esistono diverse opzioni.

Ad esempio, una delle più importanti, è Shopify, cioè una piattaforma ideata apposta per la sola vendita online e risulta particolarmente indicata anche per il dropshipping.

Facile e rapido da usare, si tratta di un servizio che permette la realizzazione di siti e-Commerce. Shopify è talmente importante da essere impiegata anche da uno dei brand più importanti a livello globale come RedBull.

Altre caratteristiche importanti sono l'assistenza impeccabile, l'integrazione perfetta con una serie infinita di plugin, nonché una sezione di reportistica accurata.

Non mancano i piccoli svantaggi, come le limitazioni del piano base e la necessità nel dover usare delle aggiunte esterne per sistemare l'e-Commerce a norma della recente legge GDPR.

Un altro fattore che potrebbe non piacere a molti rivenditori sono i costi legati a questo servizio. Come accennato infatti, le versioni più basiche presentano qualche pecca.

Per quanto riguarda i costi è bene ricordare che:

- Basic Shopify costa appena trenta dollari al mese, ai quali vanno aggiunti il tre percento più trenta centesimi di dollaro sulle transazioni oltre al due percento sui gateway di terze parti

- Shopify standard costa circa ottanta dollari mensili, ai quali va aggiunto il tre percento più trenta centesimi sulle transazioni e l'un percento sui gateway di terze parti

- Advanced Shopify che costa circa trecento dollari al mese ai quali aggiungere il tre percento e trenta centesimi su ogni transazione oltre al'un percento sui gateway di terze parti.

Qualunque tipo di abbonamento permette di vendere un numero illimitato di prodotti, ottenere uno spazio web, un sistema di protezione da frodi, temi gratuiti e a pagamento oltre alla possibilità di personalizzare la grafica del proprio sito. Visto quanto offerto dalla piattaforma, i costi proposti risultano abbastanza convenienti.

Un altro aspetto interessante è che spesso la filosofia dropshipping viene abbinata a quella del franchising. Chi non ha particolare tempo, voglia o capacità per scegliere tra tanti fornitori può talvolta essere molto utile per ottenere un certo supporto.

Di fatto, affidarsi al franchising, permette di ritrovarsi di un sito e-Commerce e un sistema pronto per essere usato. In un contesto del genere, non servono particolari conoscenze a livello di advertising e di realizzazione di siti Web.

L'azienda che si occupa di franchising, infatti, è pronta a fornire un e-Commerce, a formare e assistere il dropshipper sino a un vero e proprio supporto per questioni legali.

E potendo contare su un marchio conosciuto, è possibile avere anche notevoli vantaggi a livello di immagine.

Come qualunque altro tipo di franchising, però, esiste lo svantaggio di dover sborsare parecchio denaro per poter ottenere quanto appena detto. In generale, l'operazione può costare diverse migliaia di euro anche se, a conti fatti, può essere piuttosto conveniente.

Chi infatti si appresta ad avvicinarsi per la prima volta al business online, va incontro ad alcuni errori utili alla formazione.

Questi errori possono costare molto caro sia per quanto riguarda il tempo che nell'ambito del denaro. Poter cominciare un'avventura in franchising, permette di limitare il margine di errore e di poter comprendere come funziona il settore dropshipping senza dover per forza rimetterci del denaro.

Nulla vieta che, dopo un'esperienza di questo genere, non si voglia avviare un'attività in proprio da affiancare o per sostituire il franchising.

CAPITOLO 6

Private Label in Dropshipping

L'industria del dropshipping diventa sempre più competitiva, di conseguenza è necessario qualche accorgimento per assicurarsi che la nostra attività possa battere i nostri temibili concorrenti.

Il modo migliore per farlo è quello di vendere in dropshipping prodotti in Private Label perché questi possono dare un margine di profitto più alto e guadagnare di più in modo più veloce.

Secondo le statistiche, i guadagni di coloro che si sono affacciati a questo mondo da pochissimo tempo raggiungono già più di diecimila dollari al mese.

Il Dropshipping di prodotti in Private Label risulta più efficace quando si sviluppa e si commercializza prodotti di qualità superiore, perchè l'uso di un brand ci permette di avere la capacità di chiedere prezzi migliori sul mercato.

Un esempio di un'industria che fa uso del Private Label è l'industria dei supermercati: i supermercati infatti offrono regolarmente prodotti in Private Label.

Questa scelta gli permette di avere margini di profitto superiori rispetto a quelli che si ottengono, offrendo ai propri clienti, soltanro prodotti dei brand più famosi con prezzi più elevati.

Il modo migliore per differenziarsi dalla concorrenza è lasciare il segno, quindi, fare dropshipping di prodotti in private label, perché con questo tipo di vendite possiamo approfittare di tutti i lati positivi dovuti alla vendite dei nostri prodotti e del nostro brand.

Una giusta e studiata commercializzazione del prodotto farà in modo che i nostri clienti scelgano di rivolgersi a noi ogni qual volta avranno bisogno di un determinato bene perché conoscono il nostro brand e lo riconoscono come unico.

L'unicità e l'esclusività trasmessi attraverso la creazione di un brand renderà la potenziale clientela più disponibile a pagare prezzi maggiori e un numero sempre crescente di persone sceglierà il nostro marchio di abbigliamento, per esempio, rispetto ad altri marchi che hanno la stessa fascia di prezzo.

Per ottenere un successo a lungo termine, è di fondamentale importanza costruire un'immagine del brand basata sulla fiducia e la trasparenza.

Realizzare prodotti in Private Label è il mezzo più efficace per creare questo tipo di rapporto con i nostri clienti perché i benefici e l'utilità che gli acquirenti traggono dai nostri prodotti, faranno in modo che il nostro nome venga affiancato ad un'immagine positiva che verrà ricordata nel tempo.

Il Private Label, infatti, rende più probabile che i nostri clienti si affezionino al marchio e allo store e quindi che coltivino una certa fiducia nel nostro brand e che ritornino a comprare nuovamente o che consiglino il nostro prodotto ad altri persone.

Un metodo alternativo a quelli proposti fino a questo punto, per promuovere l'esclusività del brand, è quello di vendere all'ingrosso i nostri prodotti in Private Label.

Limitando l'accesso che gli altri venditori hanno sui nostri prodotti, dovremo fare in modo che gli stessi debbano pagare prezzi più alti per poterci accedere e questo non solo aiuta a generare un profitto maggiore, ma nello stesso tempo permette al nostro marchio di guadagnare più visibilità.

Un altro comportamento importante è stabilire delle buone relazioni con i rivenditori più grandi, per aumentare la visibilità del nostro brand e fare in modo che un numero maggiore di persone acquisti i nostri prodotti.

Offrendo ai clienti la possibilità di scegliere se comprare il prodotto da noi piuttosto che dai rivenditori aumenteremo certamente le nostre probabilità di vendita.

Ma come possiamo cominciare a vendere in dropshipping prodotti in Private Label?

Se non abbiamo ancora provato a vendere in dropshipping prodotti in Private Label, vediamo insieme come fare passo dopo passo:

- Ricerca dei prodotti da vendere perché esiste un'ampia gamma di prodotti che possono essere realizzati in Private Label con poco sforzo. Alcuni esempi sono: prodotti di elettronica, cosmetici e prodotti per la cura della pelle, utensili, abbigliamento, accessori nel settore della moda. La lista potrebbe continuare all'infinito, e proprio per tal motivo, la vera sfida è scegliere un prodotto da cui poter avere profitto, che abbia domanda sul mercato, ma poca competizione da parte di altri competitor. Quindi, il primo passaggio per dare inizio alla nostra impresa è quello di fare delle ricerche e conoscere le richieste dei consumatori

- Usare Google AdWords per ricercare i prodotti più popolari cioè se non siamo sicuri di quali siano i prodotti più richiesti, Google può aiutarci. Usando lo strumento di ricerca parole chiave potremo vedere quante persone ricercano dei termini specifici su Internet; questo potrebbe essere un valido indicatore per capire la domanda dei prodotti che si vogliono vendere in Private Label. Un'altra funzione che Google offre è sapere quante volte al mese queste determinate parole vengono cercate. Ovviamente è importante che il prodotto che vogliamo vendere abbia un ingente numero di ricerche su google, altrimenti non sarebbe opportuno investirci dei soldi nella speranza di vedere in futuro dei profitti

- Collaborare con un fornitore affidabile perché il mercato del dropshipping in Private Label si sta diffondendo giorno dopo giorno, è molto importante collaborare con un fornitore affidabile che sia in grado di essere flessibile e anche in grado di offrire prodotti di buona qualità. In realtà questa potrebbe essere un piccolo dettaglio, ma potrebbe danneggiare la nostra azienda perché un partner poco affidabile potrebbe inviare prodotti, di bassa qualità o errati, oppure potrebbe ritardare nelle spedizioni. Con un fornitore affidabile alle spalle, potremo invece concentrarci solo sulla promozione e sulla vendita del nostro prodotto e migliorare quello che sarà il profitto finale

Quindi, il Private Label consiste nella vendita di un prodotto che andremo a personalizzare con logo, packaging ed addirittura personalizzandolo o creando un prodotto da zero che ancora non esiste sul mercato.

Oggi sentiamo parlare anche del White label.

Ma che cos'è?

Il white label è abbastanza simile: scegliamo un prodotto che è già venduto con successo da un'altra azienda, ma offriamo opzioni di etichette bianche, cioè progettiamo il pacchetto da vendere, etichettiamo e vendiamo il prodotto, solitamente, questo approccio viene usato nelle industrie di bellezza.

In ogni caso, non sottovalutiamo affatto i problemi: un problema con il white label è la domanda perché siamo vincolati con qualsiasi cosa ordiniamo e la maggior parte delle aziende con le quali avremo a che fare stabilirà una quantità minima di produzione.

Insomma, se non riusciremo a venderlo, dovremo convivere con il surplus per parecchio tempo.

CAPITOLO 7

Digital marketing

Oggi, il processo decisionale d'acquisto dei consumatori è influenzato sin dai primi momenti successivi all'input iniziale da brand reputation, blog, recensioni, ed opinioni online. Ed è questo il motivo che porta le migliori aziende ad integrare alle proprie strategie di marketing delle attività sul web per procedere sulla stessa linea con il consumatore dell'era digitale.

Il Digital Marketing si riferisce a tutte quelle attività di promozione di un brand e di commercializzazione di prodotti e servizi attraverso uno o più canali digitali.

Integrare il Digital Marketing ci aiuterà a raggiungere un target ben mirato e potremo interagire con questo nel momento di sua massima ricezione, indipendentemente dall'area geografica in cui ci troviamo.

Potremo tracciare e monitorare le azioni dei nostri utenti in tempo reale così da migliorare e ottimizzare quelle che saranno le strategie di marketing giorno per giorno.

Ma in quale modo possiamo farlo?

Partendo dalle basi e impostando una buona strategia di digital marketing:

- Studiamo il pubblico, ciò che desidera e ciò di cui ha bisogno

- Definiamo la nostra value proposition

- Stabiliamo gli obiettivi da raggiungere e definiamo le priorità aziendali

- Tracciamo i dati lasciati dai nostri utenti ed impegniamoci a generare contatti qualificati e profilati per poter rispondere al meglio alle loro esigenze

- Usiamo gli strumenti più adatti alle nostre esigenze

Ma se volessimo andare più nello specifico, quali sono gli strumenti offerti da Internet di cui si avvale il Digital Marketing?

Prima di tutto l'advertising e con questo facciamo riferimento a tutte quelle attività a pagamento di promozione a carattere commerciale e di sponsorizzazione di un brand.

In particolar modo potremo sentir parlare di SEM e pay per click. Questo tipo di attività ci faranno avere visibilità immediata attraverso delle aste online per le diverse parole chiave di cui decideremo di avvalerci.

Gli Adgertising saranno utili per poter concorrere con gli altri competitori online aumentando così le nostre possibilità di avere maggiore visibilità.

Se usati nel modo corretto, produrranno un

ritorno sui nostri investimenti, generando così profitto per l'azienda.

Poi, la Search Engine Optimization comprende tutte quelle attività di ottimizzazione delle performance del nostro sito in termini di visibilità organica e posizionamento per i motori di ricerca.

Google, Bing e gli altri motori di ricerca, premiano i siti con i migliori contenuti e con un design che offre una facile navigabilità per gli utenti.

Quindi, dobbiamo fare in modo che il nostro sito sia facile da trovare, chiaro, bello e fruibile, così come abbiamo già spiegato nei capitoli precedenti perché in tal modo avremo maggiore possibilità di generare traffico qualificato.

Ancora, il Content marketing comprende tutte quelle attività di creazione e distribuzione di contenuti come blog e articoli.

Lo scopo è quello di attirare utenti qualificati verso il nostro sito dando la priorità alle relazioni rispetto alle transazioni.

Contenuti interessanti possono diventare una vera fortuna per la crescita del nostro business aziendale in termini di SEO e di acquisizione di contatti e dati tracciabili.

Quest'ultimi, se analizzati nel modo corretto, ci offriranno la possibilità di guidare i nostri utenti attraverso il Conversion Funnel.

Il tutto regalando un' esperienza spendibile, interessante e divertente.

Siamo in possesso di un prodotto inedito, offriamo un servizio innovativo o siamo un Brand nuovo?

È arrivato il momento di farci conoscere a tutto il web. Così il digital PR è una tattica usata dai brand per incrementare la loro presenza online costruendo relazioni con blogger, giornalisti online e con il pubblico dei social network.

Una buona strategia di digital PR aiuta ad incrementare e migliorare la reputazione di un'azienda nelle community online dando visibilità al marchio. Se usato in modo adeguato ha effetti positivi sulla SEO, conversion rate e sul ROI.

Invece, il Social Media Marketing riguarda quelle attività di promozione di prodotti, servizi e brand attraverso social network che permettono di avere un'interazione diretta tra utente e azienda.

I canali social possono diventare un potente motore di coinvolgimento degli utenti capace di dirottarli direttamente sul nostro sito web.

Scegliamo delle piattaforme social allineate al nostro target: non è necessario essere presenti su tutti i canali social, ma è importante presidiare bene quelli scelti.

Farlo nel modo giusto richiede tempo, strategia e creatività secondo le linee del Content

Marketing.

Infine ascoltiamo quello che è il nostro pubblico e tracciamo i risultati.

In questo modo potremo ottimizzare le nostre prestazioni, aumentando di giorno in giorno le nostre performance.

Il Conversion Marketing comprende tutte quelle tecniche con lo scopo di convertire i nuovi visitatori in potenziali ed effettivi clienti paganti e i first-time customer in clienti fidelizzati.

Ma com'è possibile? Attraverso un mix di analisi dei dati, creatività, tecnologia e business, infatti, mettendo insieme queste componenti possono darci gli input giusti per aumentare le conversioni al nostro sito. Attraverso la lettura dei dati, potremo analizzare tutte le componenti che hanno influenzato le interazioni dell'utente con il nostro sito.

Potremo così tradurre i dati raccolti in

modifiche strutturali all'architettura e al design del sito.

Infine con i cosiddetti A/B testing saremo in grado di ottimizzare il nostro sito per accompagnare più utenti attraverso il Conversion Funnel.

Il marketing automation permette di rendere automatiche delle azioni di marketing solitamente manuali attraverso dei software specifici. Questi software permetteranno di ottimizzare le nostre strategie di web marketing qualificando i nostri contatti, generando nuove opportunità di vendita e velocizzandone il ciclo, il tutto, attraverso l'automatizzazione di azioni ripetitive, l'aggiornamento e la segmentazione automatica del database, gestendo l'invio delle nostre email e registrando i punti di contatto con i nostri possibili clienti.

L'email marketing consiste nell'invio di e-mail e newsletter come mezzo per comunicare direttamente con i nostri contatti per scopi commerciali e di fidelizzazione dei clienti.

Un'email ben studiata diventa il modo perfetta per avvicinare i nostri potenziali clienti: diamo priorità alla connessione diretta con il destinatario con un tocco personale e accattivante.

Il mobile marketing comprende quelle attività di marketing multicanale destinate a raggiungere il pubblico direttamente su dispositivo mobile come smartphone e tablet. Si avvale di strumenti come Siti Web Responsive, localizzazione GPS, SMS, social media e apps. È una pratica fondamentale per una strategia di marketing di successo, infatti, dal 2016 la percentuale di italiani collegata ad internet attraverso dispositivi mobile è aumentata notevolmente a discapito dei collegati via desktop.

Quindi, possiamo concludere dicendo che il settore di riferimento del digital marketing è grandissimo ed all'inizio può risultare difficile, impostare e coordinare le attività in modo da spiccare rispetto ad altri competitors.

CAPITOLO 8

Il cliente

La fidelizzazione è uno degli strumenti di marketing più importanti nel business online, infatti perdere clienti e spingerli in un altro negozio è davvero molto facile. Il ciclo di vita di un cliente ("Customer Life Cycle") su Internet è molto più veloce che nella vendita tradizionale, cosa che per voi, gestori di un online shop, potrebbe essere un po' frustrante, soprattutto durante i primi tempi. Con un buon CRM (programmi per la "gestione delle relazioni con i clienti") trasformate clienti saltuari in clienti fissi con la possibilità che vi restino fedeli a lungo. Potrete beneficiare così di guadagni stabili e di una migliore pianificabilità del vostro business.

Con il concetto di "ciclo di vita del cliente" si fa riferimento al rapporto commerciale tra il venditore e il consumatore che inizia con l'instaurazione del primo contatto e si estende fino al momento in cui si perde il cliente. Non è da escludere che questi ritornerà sul vostro sito, anche se di regola non succede. Il ciclo di vita del cliente si può suddividere in diverse fasi, da cui è possibile ricavare una serie di azioni per la fidelizzazione. Di seguito vi mostriamo sia le singole fasi sia gli strumenti di CRM adatti in ordine temporale.

1. Fase di acquisizione

Durante la prima fase avete a che fare con potenziali clienti. Questi si informano su particolari prodotti, confrontano i fornitori, offerte o modelli e ripensano o rimandano la decisione sull'acquisto in caso di dubbio. Si tratta di attirare l'attenzione del cliente sul vostro negozio online attraverso classiche misure di marketing, per esempio:

Ottimizzazione per i motori di ricerca (SEO)

Annunci pubblicitari

Programmi di affiliazione

Giochi a premi

Con un design originale, immagini e descrizioni della merce di qualità nonché con la presentazione di valutazioni attendibili da parte di clienti o autorità certificative (in inglese Certificate Authority) vi guadagnate la fiducia del consumatore. Se inoltre si risponde a tutte le domande riguardo alla protezione dati, processo di ordinazione e consegna nonché la tipologia di pagamento, ci sono tutti i presupposti per l'acquisto. Analizzate regolarmente la frequenza di rimbalzo, soprattutto per capire in quali ambiti dovreste migliorare il vostro negozio online.

2. Fase di inizio della clientela

Dopo aver convinto il nuovo cliente della vostra affidabilità, è necessario dimostrarla. Questo significa colmare tutte le promesse riguardanti lo stato e la consegna della merce nonché comunicare in modo adeguato eventuali complicazioni. Inoltre sarebbe consigliabile ringraziare sempre per la fiducia riposta in voi e concedere spazio a feedback e lamentele insieme ad altri servizi. Informate i vostri nuovi clienti su cosa avete da offrire oltre all'acquisto appena effettuato, consigliando loro di visitare regolarmente i vostri social media o occupandovi voi stessi della divulgazione di informazioni tramite newsletter.

3. Fase di sviluppo della clientela

Se le misure presentate finora sono le più frequenti nonché le più utilizzate, il passo seguente è la gestione delle relazioni con i clienti (CRM). Nella fase di sviluppo della clientela potete provare a scavalcare la concorrenza facendo leva su individualismo e creatività e creando un ciclo di vita del cliente quanto più lungo possibile. Oltre al servizio offerto riguardo alla prenotazione e alla consegna della merce, che dovrebbe essere costantemente alto, potete creare campagne di fidelizzazione per dare nuovo impulso alla vostra attività. Dimostrate il vostro valore per esempio attraverso:

Bonus / Premi

Giochi a premi / Sorteggi

Buoni / Regali

Offerte speciali / Sconti

Condizioni Speciali come per esempio tempi di consegna brevi

Cercate inoltre il dialogo con i vostri acquirenti fedeli, verificando frequentemente il lorogrado disoddisfazione e dando spazio a eventuali proposte di miglioramento. Date ascolto alle opinioni dei clienti su social network come Facebook o Twitter. Se ignorate i vostri follower e utilizzate la piattaforma solo per motivi di marketing, questo si ripercuoterà presto sulla vostra reputazione. In molte aziende i canali social media rappresentano sempre il primo punto di contatto per via della loro facile raggiungibilità.

4. Fase di separazione

Se un cliente non compra sul vostro negozio online da tanto tempo, viene considerato come un acquirente perso. Come gestori di un e-commerce il vostro intento è naturalmente quello di indurlo nuovamente all'acquisto, ma se questo non è avvenuto nonostante la strategia di marketing che avete scelto di attuare con lui, è difficile che possiate convincerlo. In ogni caso non dovreste mai arrendervi e lasciar andare i vostri clienti: provate a convincerli contattandoli in maniera individuale telefonicamente o per e-mail. Offritegli condizioni di vendita favorevoli come sconti a lungo termine, spedizione gratuita o minori spese di commissione per incoraggiarli ulteriormente.

CRM: con la giusta combinazione, un guadagno per il vostro business

Con un flusso di vendita continuo perdete rapidamente il controllo e difficilmente potrete creare di nuovo le possibilità sopra elencate per indurre un cliente all'acquisto. Prendete in considerazione il fatto che potete assicurarvi l'aiuto di esperti specializzati nella cura dei clienti e che questi possano portare inoltre un miglioramento alla vostra offerta. Se non volete lasciare la gestione dei vostri clienti in mani sconosciute, prodotti CRM come SUGAR CRM o Salesforce potrebbero fare al caso vostro.

Indipendentemente da quale tipo di CRM scegliate, dovreste in ogni caso tenere a mente la funzionalità del vostro e-commerce. Investite nella cura dei vostri clienti più di quanto guadagniate da loro, anche se il vostro negozio online gode al momento di una certa popolarità sul mercato; popolarità che potrebbe però ben presto eclissarsi senza le giuste precauzioni. Fate attenzione a garantirvi un certo equilibrio tra costi e benefici: prima o poi raccoglierete i frutti di una buona gestione dei clienti.

EPILOGO

E così siamo giunti alla fine di questo libro.

Abbiamo capito quanto sia articolato il mondo del commercio elettronico e quanti problemi potrebbero insorgere per il nostro e-commerce.

Per questo occorre sempre studiare ed informarsi prima di buttarsi in qualcosa che ci farebbe, diversamente, perdere solo tempo e denaro.

Oggi più che mai, è necessario ed importante, evolversi ed adattare il proprio modello di business all'economia digitale, altrimenti chiudere quella che è la nostra azienda sarà soltanto una questione di tempo.

PNL per la vendita

CAPITOLO 1

Origini della Programmazione Neuro Linguistica

Breve storia della PNL

Le origini

Molto spesso, nel momento in cui ci si trova a parlare di PNL (acronimo diffusissimo che sta per Programmazione Neuro Linguistica) si tende a fare riferimento a nomi come quello di Richard Bandler. Egli, nonostante gli importanti contributi che ha portato a questa disciplina, non ne è però il fondatore vero e proprio. La paternità sia di questo settore sia dell'etichetta sotto la quale esso viene racchiuso, come anche delle materie in esso comprese, non va attribuita quindi a lui. Come si vedrà meglio nel corso di questo elaborato, le cose stanno quindi in maniera decisamente diversa. Questo capitolo si pone quindi l'obiettivo di tratteggiare quella che è la vera storia che si cela dietro la nascita di una disciplina ad oggi così diffusa.

La vera nascita di quella che viene chiamata Programmazione Neuro Linguistica va ricondotta a tre importanti figure, che negli anni '70 lavorarono in cooperazione fra loro. La Programmazione Neuro Linguistica è nata quindi dal frutto del lavoro di tre studiosi: facciamo un po' di nomi. Si tratta di **John Grinder**, **Frank Pucelik** e *anche* (non solo, quindi) il famoso **Richard Bandler**. Questi tre esperti, a partire dalla prima metà degli **anni '70**, cominciarono a studiare, modificare e rielaborare i principali modelli di comunicazione già esistenti. Questa pratica li portò a dare vita a quello che può essere definito il codice originario della Programmazione Neuro Linguistica. Negli anni che vanno circa dal il 1976 al 1977, successe una cosa improvvisa:

Frank Pucelik, infatti, prese la decisione di allontanarsi dagli altri due compagni e amici, per ragioni che in realtà non sono mai state rese note con certezza. È proprio nello stesso periodo che Richard Bandler provò, senza successo, a fare in modo di essere riconosciuto dai successori come l'unico creatore e fondatore della disciplina della Programmazione Neuro Linguistica.

Da quel momento in avanti, fra i tre reali fondatori della disciplina che ancora oggi è nota come Programmazione Neuro Linguistica, sono nate e si sono susseguita una dietro l'altra nel corso degli anni una sfilza infinita e continua di dispute legali. Tutto questo elenco di dispute è andato avanti per quasi trent'anni, e a raggiunto il punto culminante nel 2000, quando una sentenza del tribunale ha ufficialmente dichiarato, in maniera definitiva, che la nascita e paternità della Programmazione Neuro

Linguistica sia da attribuire a John Grinder, ma anche a Richard Bandler. Da questo momento in avanti (negli ultimi vent'anni quindi) essi vengono correttamente definiti i due "co-creatori" della Programmazione Neuro Linguistica, nonostante Pucelik abbia insistito, durante convegni e conferenze, nel riferirsi a Grinder come unico e vero fondatore della PNL.

Ad oggi, dal momento che la PNL è del tutto priva di qualsiasi tipo di regolamentazione ufficiale, come anche di un codice che ne disciplini la messa in pratica in maniera professionale, il web (o meglio, l'universo che viene comunemente chiamato di "self-help") è pieno di pseudo corsi dedicati alla PNL. Tutto ciò, insieme al fatto che la PNL viene costantemente affiliata a pratiche inutili come il firewalking, o a coach di dubbia preparazione, ha purtroppo contribuito a screditarne il titolo e a farla sembrare una pratica sconsigliabile da parte di coloro che si occupano di comunicazione tradizionale in modo rigoroso e classico. Questo atteggiamento risulta però essere limitate, vista soprattutto l'eccellenza di alcuni modelli che hanno ispirato la creazione della Programmazione Neuro Linguistica. Viene qui sotto fornita una breve e veloce panoramica di alcune di quelle che possono essere considerate le principali tappe storiche della Programmazione Neuro Linguistica, tappe segnate anche dalla scrittura e pubblicazione di manuali che ne hanno arricchito e ispessito il contenuto.

Gli anni '70

Come si è visto nel paragrafo precedente, gli anni compresi fra il 1960 e il 1970 sono a tutti gli effetti gli anni iniziali. Si tratta del periodo di tempo nel quale si collocano le più grandi e geniali intuizioni di Richard Bandler, John Grinder e Frank Pucelik, all'epoca in cui i tre ancora collaboravano tutti insieme. In questi anni, i tre esperti si mettono a studiare le teorie dei più famosi e rinomati terapeuti ed esperti di comunicazione dell'epoca. Fra questi esperti a cui i tre attingono troviamo anche professionisti del calibro di Gregory Bateson, Virginia Satir e Fritz Pearls. Il gruppo si interessa poi al lavoro e agli studi di quello che diventerà uno dei protagonisti nella stesura della teoria della Programmazione Neuro Linguistica. Si tratta del dottor Milton Hyland Erickson. Le sue teorie furono in seguito sempre più determinanti, come si è accennato, determinanti per lo sviluppo del sistema della Programmazione Neuro Linguistica. In particolare, il lavoro del dottor Erickson si rivelò fondamentale per la creazione di quello che venne poi definito il filone *ipnotico* della Programmazione Neuro Linguistica. Proprio a questo periodo, infatti, risale la stesura di libri importantissimi per questa disciplina. Si tratta, in particolare, de *La struttura della Magia*, del 1975, e de *I Modelli*. Entrambe le opere furono scritte da Milton H. Erickson tra il 1976 e il 1977. Essi furono tuttavia pubblicati in Italia, dalla casa editrice Astrolabio, solo a partire dall'inizio degli anni '80 (1981). L'intuizione che muove il trio composto da Bandler, Grinder e Pucelik è sicuramente potente e innovativa. Essi partono dall'osservazione di questi eccezionali terapeuti nel corso del loro lavoro, e, (soprattutto Bandler e Grinder) iniziano a chiedersi in quale modo questi professionisti del settore riuscissero a raggiungere gli esiti eccezionali nella cura di tipologie diversissime di pazienti. Parte proprio da queste osservazioni, tra l'altro, la nozione di "struttura" della magia: dedicandosi in particolare al contenuto del lavoro di professionisti come Satir, Pearls ed Erickson, il trio inizia a lavorare in maniera costante e quasi ossessiva sulle modalità tramite le quali i contenuti venivano erogati e comunicati da parte del dottore al paziente. I tre si dedicarono intensamente a giorni e giorni di lavoro, giorni trascorsi a lavorare sulle trascrizioni di ciò che avevano visto, con tanto di annotazioni, di considerazioni specifiche e di messa in evidenza degli schemi ricorrenti nel lavoro di questi dottori. Il suddetto lavoro di lettura e analisi di professionisti i quali lavoravano e parlavano e comunicavano in maniera completamente spontanea e inconsapevole, (cioè senza sapere né avere l'idea esatta di quale fosse il tipo di tecniche che essi stessi stavano mettendo in atto durante la comunicazione), è risultato indispensabile sia per la creazione dei contenuti e delle teorie originarie della PNL, sia per ideare l'atteggiamento mentale più adatto a questa disciplina. Esso consiste nel *modeling*: si tratta semplicemente della procedura tramite la quale viene scelto un modello preciso, in questo caso i dottori, per poi lavorare su di esso. La Programmazione Neuro Linguistica originaria, ancora molto tecnica, è lontana dalle biforcazioni dei tempi moderni. Si tratta inizialmente di una procedura analitica e di precisione. Studiando la modalità in cui Virginia Satir interrogava i suoi pazienti, ad esempio, Bandler e Grinder poterono creare un corpus di domande frequenti, composte da specifiche strutture linguistiche e sintattiche manifestate dai pazienti stessi. Questa tecnica divenne in seguito il *Metamodello* linguistico per eccellenza. Studiando poi a fondo la modalità, completamente opposta, con la quale il dottor Erickson conduceva le sedute terapeutiche con i propri pazienti, inoltre, il trio riuscì a identificare quello che in seguito diventerà famoso e sarà chiamato col nome di Milton model o modello di

Milton. Gli anni '70 sono quindi una decade molto ricca e proficua dal punto di vista creativo, e anche produttiva di moltissime idee innovatrici e qualitativamente valide.

Gli anni '80

In seguito a questo inizio fervido e florido, la collaborazione, come si è accennato, fra i tre co-creatori comincia a manifestare i primi segnali di debolezza. Siamo proprio nel periodo, infatti, durante il quale hanno origine le dispute legali fra Pucelik, Bandler e Grinder. In seguito alla stesura e pubblicazione dell'opera intitolata *Programmazione Neuro linguistica*, composta anche grazie alla collaborazione di Robert Dilts, Grinder decide di andare avanti da solo per la sua strada, e decide quindi di fondare quello che chiama il *Nuovo codice della Programmazione Neuro Linguistica*. Questo nuovo codice fa riferimento ad un approccio più globale e onnicomprensivo delle dinamiche degli esseri umani. Esso, infatti, comprende e si fonda sull'intero sistema composto da mente - corpo – spirito. Al contrario, nel frattempo Bandler ha intrapreso una strada completamente diversa dalla vita accademica: è infatti caduto in problemi di droga, di alcol, e viene accusato e denunciato per l'omicidio di una prostituta che conviveva col suo spacciatore. Il caso di omicidio viene ad oggi dichiarato irrisolto. Si tratta quindi di una parentesi della sua vita chiaramente più tetra rispetto a quella che l'aveva preceduta; è inevitabile che ciò si ripercuota sul livello e sul valore di ciò che viene prodotto. Nel frattempo, accade un fatto imprevisto: data la veloce diffusione delle teorie legate alla PNL, la scienza ufficiale inizia a provare interesse verso questa disciplina; inizia quindi a testarne e verificarne le ipotesi, e ciò su cui la PNL si fonda: alla fine, il giudizio risulta essere negativo, dal momento che la scienza non riscontra nessuna evidenza scientifica rispetto a ciò che la PNL si propone di insegnare. Questo fenomeno viene quindi relegato a settori non scientifici e spesso considerati inferiori: la PNL, insomma, degenera fino ad essere considerata una semplice attività di intrattenimento o cattivo marketing. Ciò avviene soprattutto in seguito all'attività di Anthony Robbins, che spettacolarizza la PNL rendendola la disciplina adatta a coloro che ricercano un cambiamento veloce affidandosi al potere della mente; Robbins promette quindi miracoli impossibili; questa cattiva pubblicità fa sì che la PNL risulti ancora più sgradita al mondo scientifico e accademico.

Gli anni '90

Questi sono gli anni durante i quali si acuiscono maggiormente le battaglie legali, come abbiamo visto, tra Bandler e Grinder, ma avviene proprio in questi anni una grande novità, che cambierà completamente la situazione: alla Programmazione Neuro Linguistica viene infatti tolta l'ufficialità. Non viene più considerato, quindi, un marchio di proprietà intellettuale di qualcuno, ma solo un termine generico utilizzato per indicare una certa disciplina. Si tratta di un evento legale che presenta un significato particolare, sostanzialmente per due motivi. Infatti, da un lato, eliminare la capacità di poter applicare la sigla di "proprietà intellettuale" su un marchio, implica anche il fatto che viene ufficialmente eliminata l'ufficialità della materia in questione. Essa viene considerata semplicemente il risultato di un copia e incolla di teorie prese da altre materie e discipline, ma senza un originale contributo da parte dei fondatori.

Dall'altro lato, privare il marchio della Programmazione Neuro Linguistica della tutela legale contribuisce a causare la diffusione incontrollata a macchia d'olio della PNL, dal momento che chiunque – da qui in avanti – è libero di usare questa sigla come preferisce. È anche per questo che la Programmazione Neuro Linguistica diviene un elemento presente in quasi tutte le trattazioni e i corsi dedicati sia alla comunicazione che al benessere della persona (da quelli più innovativi a quelli più esoterici: questo elemento fa sì che vengano snaturati completamente i presupposti con cui questa disciplina era nata). Gli anni 90 sono anni difficili, soprattutto per tutti coloro che credevano davvero nella PNL e che hanno dedicato la loro professionalità allo studio di questo settore.

Gli anni 2000

Gli anni 2000 sono quelli in cui si giunge alla soluzione delle dispute legali che avevano caratterizzato i due decenni precedenti. Il tribunale conferisce infine lo status di co-creatori sia a Bandler che a Grinder. Sono anni in cui la disciplina della Programmazione Neuro Linguistica la PNL conosce un'enorme diffusione. Ciò avviene proprio grazie al fatto di costituire una semplice nomenclatura che può essere usata e applicata da chiunque, anche da coloro che non possiedono la minima conoscenza della disciplina (o comunque nessuna preparazione scientifica). Sono anni nel corso dei quali da parte di esperti vengono sia iniziate che continuate altre ricerche, con l'obiettivo di verificare il grado di attendibilità delle ipotesi originarie formulate dai fondatori della Programmazione Neuro Linguistica. Dopo svariate ricerche, anche questi esperti arrivano ad ammettere che non esiste nemmeno una prova (realmente valida dal punto di vista scientifico) del funzionamento e dell'utilità della PNL. Viene anzi fatto notare che il problema risiede nello stesso nome di questa dottrina. Il nome, infatti, fa riferimento alla neurolinguistica, ma risulta essere fuorviante: la neurolinguistica è infatti una disciplina dedicata allo studio dei procedimenti linguistici degli uomini, ma ciò avviene esclusivamente da un punto di vista anatomico e fisiologico, non psicologico, mentale e comunicativo come la PNL vorrebbe far credere. Siamo in un periodo nel quale questa disciplina viene spacciata a destra e a manca come la risoluzione ad ogni cosa, se ne sente parlare dappertutto, nei contesti più disparati: si va dal marketing, alle tecniche di rilassamento mentale, alla comunicazione, fino a giungere persino a come conquistare la persona alla quale si è interessati. Tuttavia, la ricerca risulta sostanzialmente ferma, ormai da moltissimi anni non vi sono né scoperte né innovazioni per quanto riguarda questa disciplina. Essa quindi, dopo un inizio nobile e importante, è scivolata lentamente verso il basso, verso i settori che sono stati accennati poco sopra. Essa ha dovuto subire e accettare quindi di essere trascinata sempre più in basso, e ciò ha progressivamente eliminato ogni forma di controllo sul contenuto da parte degli stessi creatori, che non hanno più nessun potere sulla qualità di quello che una volta era il loro prodotto. Sempre più spesso la Programmazione Neuro Linguistica viene quindi utilizzata per fare guadagnare chi si approfitta di questa etichetta, e sfoggia titoli ed esperienze che spesso risultano essere del tutto inventati.

Dal 2000 ad oggi: a che punto siamo?

In questo momento, la ricerca nel settore della Programmazione Neuro Linguistica viene portata avanti sostanzialmente solo da alcuni sporadici autori. Uno dei più noti, ad esempio, è John **Gridner** che, avendo ideato una PNL tutta sua, quella che lui stesso chiama il "New Code" (o Nuovo Codice), continua ad approfondire il filone che si basa sui legami fra mente – corpo. Il New Code comprende quindi tutta quella branca considerata normalmente mistica e spirituale dell'esperienza quotidiana dell'essere umano. Un altro autore molto contemporaneo molto importante in questo settore può essere considerato Gabriel **Guerrero**, altro esperto di Programmazione Neuro Linguistica che ha deciso di dedicarsi prevalentemente allo sviluppo dell'elemento più spirituale. Vi è poi Robert **Dilts**, che dirige diversi laboratori sia dedicati alla pratica che alla continua ricerca e sviluppo. Egli contribuisce a portare continuamente nuova vita all'analisi delle strutture mentali degli esseri umani, dedicandosi in maniera particolare allo sviluppo personale e relazionale dell'individuo. Vale la pena di essere citato, infine, Paolo **Borzacchiello**. Egli è stato infatti il primo, su scala internazionale, ad avere avuto la geniale idea di schematizzare le tecniche della Programmazione Neuro Linguistica, incluse anche quelle linguistiche, in algoritmi e sequenze funzionali che seguissero lo stesso paradigma di funzionamento di quello che ancora oggi viene definito lo schema del Truine Brain (o cervello trino, volendo italianizzare) di Paul MacLean, medico specializzato nelle neuroscienze, ma che si occupò in maniera importante anche di psichiatria, dando importanti contributi.

Breve profilo dei fondatori e delle fonti

John Grinder

John Grinder era all'epoca un professore ordinario di linguistica all'università di Santa Cruz. Dopo aver ideato, con il contributo soprattutto di Richard Bandler, l'insieme delle teorie e delle ipotesi sia teoriche che pratiche della Programmazione Neuro Linguistica originaria, grazie alla sua cooperazione con un altro grande studioso del calibro di Judith DeLozier, ha creato il NLP NEW CODE, (Neuro Linguistic Programming New Code: il Nuovo Codice della Programmazione Neuro Linguistica) che presenta, in maniera aggiuntiva alla PNL di base, un orientamento più vicino all'essere umano inteso come "sistema". Grinder lavorò anche come consulente per diverse associazioni governative e altrettante

aziende, ed è inoltre stato uno dei primi teorici a
che hanno approfondito le tecniche e le teorie
della grammatica universale ideata da
Chomsky.

Frank Pucelik

Pucelik ha preso la laurea in psicologia e scienze politiche, prima di unirsi a Bandler e Grinder nella costituzione delle teorie originarie della Programmazione Neuro Linguistica. Dopo aver dato il suo fondamentale contributo alla stesura e ideazione della PNL, ha proseguito per la sua strada originaria con una doppia direzione: da un lato, Pucelik andò avanti a fornire consulenza alle grandi organizzazioni riguardo i più efficaci modelli di comunicazione e, dall'altro, si dedicò all'attività sociale che si occupava di aiutare gli esseri umani che si trovavano in condizioni psicologiche difficili, come ad esempio i veterani, i tossicodipendenti e gli abitanti dei centri sociali in generale.

Richard Bandler

Richard Bandler, prima di dedicarsi alla stesura della PNL, fu un esperto matematico ma anche psicologo. È probabilmente il fondatore più celebre e conosciuto tra tutti e tre, grazie a diversi fattori, come la sua produzione letteraria, ma anche grazie, come si è detto nel capitolo precedente, allo sviluppo mondiale della sua personale versione della PNL, che ad oggi è certamente la più celebre. Si tratta di un individuo decisamente controverso anche in relazione a determinati oscuri e mai chiariti episodi del suo passato. Egli ha sicuramente il merito di aver svoltato in modo totale le modalità della comunicazione, e di aver condotto la Programmazione Neuro Linguistica in tantissimi campi pratici, dal coaching al marketing.

Robert Dilts

Si tratta molto probabilmente del più attivo professionista esperto di Programmazione Neuro Linguistica. Robert Dilts non è stato coinvolto in maniera diretta nella ideazione e nella creazione delle basi della PNL originaria, ma ha ugualmente contribuito in maniera fondamentale alla diffusione di questa disciplina, portandola nelle più grandi e celebri imprese a livello internazionale, come ad esempio le celeberrime HP e Apple. Dilts fu uno scrittore di successo, che ha indirizzato le sue ricerche e le sue teorie verso la capacità e l'importanza dello sviluppo del sistema composto da mente e corpo; a questo scopo Dilts ha fondato la PNL Michael Hall, dopo aver portato a compimento un dottorato in psicologia cognitivo comportamentale. Egli ha poi deciso di dedicarsi all'approfondimento di due discipline decisamente interessanti, ovvero la psico linguistica e la neuro semantica, investigando l'ambito linguistico della Psicologia Neuro Linguistica e aiutando in maniera fondamentale la ricerca accademica in questa direzione. Per quanto riguarda la neurosemantica, si tratta di aumento fondamentale delle tematiche trattate dalla PNL. Se questa ultima, infatti, si occupa semplicemente di come funziona la percezione, limitandosi però ad uno studio obiettivo riguardante lo schema dell'esperienza, la neuro semantica si occupa invece sul senso che l'individuo stesso attribuisce alle esperienze accumulate nel corso del proprio vissuto quotidiano.

Paul Watzlawick

Si tratta di un rinomato psicologo ma anche filosofo, ed è stato uno dei più grandi esponenti della cosiddetta scuola di Palo Alto. Nel 1967 Watzlawick compone e pubblica quella che diviene poi la sua opera più importante, e che ad oggi viene considerata una delle opere fondamentali del settore della comunicazione. Questo lavoro è intitolato *Pragmatica della comunicazione umana*, e si fonda sulla nozione di "contesto" dentro al quale inserire le diverse tipologie di comunicazione. Lo studioso ha quindi fondato la nozione di "change", che si basa sull'idea del cambiamento. Con questo concetto, lo studioso fa vedere quanto le modalità con le quali gli individui inseriscono gli accadimenti rispetto alla cornice di riferimento siano fondamentali per la loro salute mentale. L'opera di questo esperto risulta essere sostanzialmente alla base di ogni tipo di approccio psicologico e comunicativo, ed è sicuramente divenuta la struttura fondante sulla quale è nata e si è sviluppata la PNL delle origini.

Gregory Bateson

È un antropologo, sociologo e psicologo di fama mondiale, ed è stato il primo autore dalla preparazione accademica e scientifica che ha deciso di comporre opere dalla caratteristica divulgativa. Il suo lavoro, visto l'intento con il quale nasce, è caratterizzato da una sintassi e da un lessico accessibile e scorrevole. Bateson fu l'artefice di lavori importantissimi, come, ad esempio, *Verso un'ecologia della mente* del 1972. Egli si è dedicato a quella che viene definita la "terapia del tutto", una teoria che stabilisce un continuum fluido e inseparabile fra corpo e mente.

Virginia Satir

Virginia Satir è stata una psicoterapeuta che si è occupata di terapia familiare, ed è nota per la sua teoria della percezione dell'esperienza vissuta dai suoi pazienti. Mettendo in atto una forma di comunicazione definita multisensoriale proprio grazie al coinvolgimento di sensi diversi, era in grado di ricavare durante le sue sedute dei risultati eccezionali, a tal punto da divenire uno dei punti di riferimento principali di Bandler e Grinder che, analizzando il suo lavoro, approdarono all'ideazione dei cosiddetti predicati sensoriali e del metamodello.

Milton Erickson

Milton Erickson fu un noto psichiatra, psicoterapeuta e ipnoterapeuta, ed è uno degli esperti più importanti (forse il più importanti fra le fonti a cui i fondatori hanno attinto) di questo settore. In generale, Erickson è considerato una delle personalità di spicco che hanno popolato il 1900. Il suo lavoro è stato esteso a tantissimi campi, dai più ai meno attinenti co, suo lavoro originario: dalla PNL, allo sviluppo della quale ha contribuito indirettamente in maniera fondamentale, alla psicoterapia, alla terapia. Erickson è considerato sicuramente il fondatore dell'ipnosi come la intendiamo noi oggi, e ha l'enorme merito di averla condotta all'esterno del settore solamente terapeutico, utilizzandola come mezzo di comunicazione da e verso il mondo dell'inconscio individuale. Il suo modo decisamente caratteristico di parlare con i pazienti durante le sedute di psichiatria e psicoterapia è stato istituzionalizzato e schematizzato da Bandler e Grinder in quello che viene ancora oggi definito Milton model, sul quale ci soffermeremo più avanti, e che viene utilizzato oggi nei settori più diversi fra loro, dalla comunicazione, allo stesura di discorsi pubblici, al marketing e la vendita. Sarebbe però più esatto definire questo metodo come "vaghezza semantico – sintattica".

CAPITOLO 2

Dalla teoria alla pratica: come funziona la PNL

Come si è visto nel capitolo precedente, negli ultimi anni si è parlato molto della pratica della PNL. Riassumendo, quindi, si tratta di un approccio comunicativo nato negli anni '70 dal settore terapeutico e poi divenuto uno dei contenuti principali di numerosi corsi sia di vendita che motivazionali, soprattutto per quanto riguarda il sottogenere (di dubbia qualità) che si occupa di dire alle persone quanto esse siano speciali e straordinarie e quanto esse possano e siano in grado di raggiungere ogni obiettivo che decidono di prefiggersi. Ma di cosa si tratta, veramente? E come funziona davvero questa modalità? Infine, si tratta realmente di uno strumento subdolo e manipolatorio, come si dice? Per rispondere a queste domande è necessario condurre sul tema una breve analisi critica. Così facendo, emergono fin da subito tre macro-elementi:

- La completa assenza di controllo su coloro che si definiscono esperti di PNL senza nessun fondamento.

- L'assenza di fondamenti scientifici della PNL.

- Problemi nell'identificazione di linee tematiche e discipline precise che fanno parte della Programmazione Neuro Linguistica.

Solitamente ci si scaglia a prescindere contro la Programmazione Neuro Linguistica, e la si accusa di trattarsi di una pseudoscienza. A differenza di questo tipo di approccio poco costruttivo, tuttavia, in questa sede si cercherà di evidenziare quali possono essere i **vantaggi** e gli **strumenti** più utili **che la PNL può fornire** per tutti coloro che intendono affacciarsi al mondo della **comunicazione**. La Programmazione Neurolinguistica (NLP in inglese, Neuro Linguistic Programming) è una modalità di approccio molto frequentemente usata, come visto, nel coaching. In questo senso la PNL è usatissima come mezzo grazie al quale incrementare le proprie tecniche di comunicazione, così come anche per migliorare il livello delle proprie relazioni interpersonali, ma anche, in senso generico, il benessere mentale e fisico individuale.

Il principio di base da cui la Programmazione Neuro Linguistica prende origine è quello secondo il quale ogni singola parte del vissuto degli esseri umani è costituito da una sua struttura particolare, e che, studiando e analizzando la suddetta struttura, si può cambiare come un'esperienza viene percepita. Al momento della sua nascita, infatti, a PNL ha aiutato a decifrare determinati schemi e a stabilire determinate strategie utilizzate da esperti professionisti dell'epoca, e ha ideato diversi schemi che possono potenzialmente essere utilizzati da tutti, nei contesti più diversi. Le geniali idee dei fondatori della PNL hanno consentito di capire le logiche fondamentali riguardanti la metodologia e le tecniche comunicazione fra esseri umani, grazie all'utilizzo di un approccio sostanzialmente dedicato allo studio del linguaggio come fondamentale mezzo di comunicazione e di unione fra le persone. Nonostante questa disciplina abbia avuto sicuramente la capacità di aver fatto diventare celebri una lista di teorie appartenenti al settore della psicologia del self-help, oltre ad una sfilza di fondamentali regole sulle quali si fonda il modello di una comunicazione corretta, sia il mondo scientifico che quello accademico nel suo complesso, mettono in atto un approccio chiaramente scettico. Oggi, infatti, questa materia non è una disciplina di studio in nessuna facoltà universitaria e rimane invece confinata a pseudo corsi che vanno dal marketing all'incremento della autostima e dei propri poteri seduttivi. I fondatori della PNL, a ben vedere, hanno sostanzialmente creato poco e niente di originale, ma non per questo il loro è un contributo di minor valore: essi sono sicuramente stati degli **attenti osservatori**. Essi sono stati in grado di osservare, appunto, diversi abili professionisti svolgere il loro, cercando di capire le modalità con le quali questi ultimi lavoravano. Dalla suddetta attenta osservazione i tre fondatori sono poi stati in grado di isolare e codificare tutta una catena di "patterns" o schemi, che potenzialmente potevano essere ripetuti all'infinito. Questa geniale idea ha fatto in modo che potesse nascere il cosiddetto **Modeling**: con questo termine si intende la vera e propria arte del prendere qualcosa come modello (il lavoro dei professionisti) e saperlo replicare in maniera innovativa. La Programmazione Neuro

Linguistica nasce quindi nel settore e nel mondo terapeutico e psicoterapeutico. Solo negli anni successivi essa è stata trasposta al settore del marketing e utilizzata per incrementare le vendite. Oltre ad aver osservato l'opera di altri esperti, i fondatori della Programmazione Neuro Linguistica si sono appropriati anche delle teorie di altri professionisti che compongono il mondo della comunicazione nel suo insieme; questi esperti vanno da Alfred Korzbinsky a Paul Watlawick, ad esempio. La PNL ha quindi attinto alle più grandi teorie di questi professionisti e le ha riunite tutte insieme, sotto il nome, appunto, di Programmazione Neuro Linguistica. Questo nuovo approccio, nell'idea dei fondatori, avrebbe avuto il compito di fare in modo che ogni interazione fra le persone potesse risultare sempre più semplice e immediata.

Presupposti teorici della PNL

La Programmazione Neuro Linguistica si fonda sostanzialmente su determinati e precisi assunti di base che presentano come scopo fondamentale quello di fungere da regolamento o codice che sta alla base di tutte le successive elaborazioni. Si tratta quindi, come già citato in precedenza, di fornire un contesto indispensabile affinché poi tutte le successive tecniche che verranno applicate e utilizzate siano in grado di funzionare correttamente. Questi principi di base costituiscono probabilmente uno degli elementi essenziali per quanto concerne la didattica e l'insegnamento della Programmazione Neuro Linguistica e, nonostante sia necessario fare una distinzione tra le diverse pratiche, questi principi è corretto dire che essi siano nella loro interezza (o quasi) del tutto in grado di essere condivisi da molti esperti. Fa eccezione a questa dinamica di condivisione che abbiamo appena citato, l'assunto in assoluto più celebre della Programmazione Neuro Linguistica. Esso verrà solamente accennato nelle pagine immediatamente successive, ma gli verrà dedicato spazio più avanti.

Per quanto concerne gli altri presupposti della PNL (la quantità e il tipo di presupposti varia molto anche se va specificato che non vi sono regole fisse in questo settore: infatti, al variare dell'autore o della scuola di provenienza possono essere presenti più o meno teorie), quello sicuramente più celebre è il principio che stabilisce che "**la mappa non è il territorio**". Anche in questo caso è necessario fare delle specificazioni: non si tratta infatti, in realtà, di un assunto originale della Programmazione Neuro Linguistica, bensì di una affermazione in origine formulata dallo studioso Alfred **Korzybski**. Egli fu un esperto ingegnere polacco, ma lavorò anche come filosofo e matematico, che ad oggi è noto in maniera principale per aver elaborato lo studio denominato *General Semantics*, ovvero, in italiano, la cosiddetta *semantica generale*. Questa affermazione rivela un assunto decisamente essenziale: ovvero che il mondo che ci circonda (cioè il *territorio*) è in realtà, dal punto di vista oggettivo, una realtà decisamente differente dalle modalità con le quali ogni individuo la percepisce e interpreta (ovvero, nella frase di Korzybski, la *mappa*). Ciò varia in base agli schemi mentali dei singoli individui, ma non solo: anche le convinzioni personali e le esperienze pregresse svolgono un ruolo fondamentale sul modo in cui ognuno di noi percepisce la realtà.

Un secondo assunto di base della PNL è quello che sostiene che **"il senso di ogni comunicazione di successo è conferito in base alla risposta che si riceve"**. Anche questo assunto non è stato elaborato in maniera originale dai creatori della PNL, ma si tratta semplicemente del riassunto del pensiero di qualcun altro. In questo caso, esso è stato formulato dallo studioso, già visto nel paragrafo precedente, Paul **Watzlavick**, autore di enorme spessore e grande intenditore della comunicazione fra esseri umani. Watzlavick viene unanimemente considerato il padre della scienza ora nota come pragmatica. Questa scienza comprende lo studio delle modalità con le quali una comunicazione di successo sia frutto di tutta una fila di analisi imprescindibili dalle modalità con le quali la comunicazione di per sé viene esternata e alla specifica predisposizione degli individui che partecipano al dialogo. Si tratta di un altro assunto essenziale e imprescindibile, che fa notare, a tutti coloro che desiderano mettere in atto una comunicazione efficace, che la prima responsabilità riguardante i buoni o cattivi esiti di un dialogo è in primis suo.

Va poi assolutamente inserito nell'elenco il gettonatissimo **"avere delle scelte è sicuramente meglio che non averne"**. Gettonatissimo proprio perché essenzialmente banale: si tratta infatti di uno dei presupposti che molto spesso vengono tralasciati ed omessi dagli elenchi, vista la banalità di una frase del genere. Allo stesso modo, è chiaro che vi sono state persone che hanno tratto un grande beneficio da questa pratica: se non fosse stato così, essa non verrebbe citata e riportata così frequentemente.

Il quarto presupposto della Programmazione Neuro Linguistica che viene riportato in questa sede afferma che: "**Ciascuno vive nel proprio modello di mondo**". Anche relativamente a questo assunto, non vi è tanto materiale che si può aggiungere. L'unica cosa aggiuntiva che si può riferire è che, partendo dal concetto che "la mappa è il territorio" (primo assunto), questo quarto assunto cessa di essere valido in maniera automatica. È molto più corretto infatti affermare che "ogni individuo vive nella propria realtà". O anche detta bolla esistenziale.

Il quinto presupposto da inserire nella lista degli assunti fondamentali sui quali si basa la

Programmazione Neuro Linguistica delle origini è questo: **"se un individuo è in grado di fare qualcosa, allora tutti possono imparare a farla".** Quest'ultimo è sicuramente un'affermazione decisamente attraente, e di sicuro pare essere anche portatrice di un corretto e costruttivo stile di vita mentale ed emotivo, ma purtroppo a livello tecnico scientifico essa risulta assolutamente corretta. Questa affermazione evita infatti di far notare tutti quei casi e tutte quelle circostanze nelle quali è assolutamente impossibile che questa affermazione risulti essere realmente applicabile. Giusto per fare un esempio basico e comunissimo: un individuo è fisicamente impossibilitato nell'imparare a cantare, qualora egli non possedesse l'utilizzo delle corde vocali; si tratta chiaramente solo di un caso estremo ma adatto ad esprimere l'irrazionalità della suddetta affermazione. Oppure, un individuo potrebbe anche non essere mai in grado, nel corso della sua vita, di comporre un romanzo stupendo, qualora gli mancassero le doti indispensabili a questo tipo di mestiere. Questo quinto presupposto rimane quindi soltanto una bella trovata, decisamente romantica e suggestiva e opportuna per coloro che sono alla ricerca di aforismi rassicuranti per addolcire il peso dei loro insuccessi.

Il sesto presupposto che vale sicuramente la pena nominare, visto il suo peso sul successivo sviluppo della teoria della Programmazione Neuro Linguistica, stabilisce che: "**l'esperienza racchiude una struttura**". Questo assunto costituisce in realtà un preciso geniale principio matematico formulato proprio dai fondatori della Programmazione Neuro Linguistica, ovvero Richard Bandler e John Grinder. Lo studio dei processi di comunicazione, infatti, ha condotto i due studiosi verso l'interessamento della modalità con la quale i soggetti che essi analizzavano fossero in grado di fare le cose, più che verso lo studio dei fenomeni in sé. Questo assunto ha consentito la nascita e lo sviluppo di svariate tecniche di Programmazione Neuro Linguistica, fra cui l'interpolazione delle cosiddette *submodalità*.

Vi è poi un settimo assunto di base che va elencato in questa sede. Esso sostiene che "**gli individui sono già in possesso di tutte le risorse delle quali necessitano**". Si tratta di un ulteriore assunto di grande e certo fascino, ma anche di altrettanto certa contestabilità. In realtà, tutto dipende dalla tipologia di risorse che vengono prese in considerazione, oltre poi ai risultati che si desiderano ottenere.

Il settimo presupposto da elencare, probabilmente il più realistico e coerente dal punto di vista teorico e pratico, afferma che: "**sia la mente che il corpo fanno parte dello stesso sistema**": si tratta di secoli, anzi millenni, di tradizione di origine orientale, compressi in una singola frase. Questo concetto ha attraversato la storia della cultura non solo orientale ma anche occidentale. I latini, infatti, sostenevano che "mens sana in corpore sano" (una mente può essere sana solo se il corpo è sano). È sicuramente esagerato, però, nonostante l'affidabilità di questa affermazione (o forse proprio per questo), definirlo un vero e proprio presupposto della Programmazione Neuro Linguistica, dal momento che si sta parlando di un principio globale e riconosciuto in tutto il mondo e da culture diverse. Inoltre, proprio questo sembra essere uno degli assunti tra i meno capiti e interiorizzati della Programmazione Neuro Linguistica nel suo complesso. Ciò è probabilmente dovuto alle abitudini di vita decisamente diverse di chi si approccia alla Programmazione Neuro Linguistica, rispetto agli ideatori di questa filosofia (filosofi orientali o comunque avi estremamente valorosi). Vanno quindi tenuti in considerazione elementi come la forma fisica, le abitudini poco sane, oltre a quello che è lo stato di salute complessivo di molti applicatori della Programmazione Neuro Linguistica, inclusi anche i più grandi divulgatori della Programmazione Neuro Linguistica in tutto il mondo.

Il penultimo presupposto sul quale si fonda la disciplina della Programmazione Neuro Linguistica è uno dei più interessanti, esso infatti sostiene che **"gli esseri umani non possono non comunicare"**. Si tratta di un ulteriore concetto estrapolato dall'opera di Paul **Watlavick** che, o almeno così sembra, se anche non rientra nello stretto gruppo iniziale composto dai fondatori originari della teoria della Programmazione Neuro Linguistica, ha sicuramente dato un contributo essenziale alla ideazione e alla creazione ed elaborazione di molti dei contenuti diffusi, divulgati, e fatti passare come materiale inedito anche quando non lo sono.

L'ultimo presupposto sul quale vale la pena soffermarsi è quello che afferma che: **"non esiste l'insuccesso, ma solamente un**

feedback negativo": si tratta di un presupposto ovviamente valido soltanto a livello teorico, senza nessun legame con il mondo della realtà, all'interno del quale cui il fallimento purtroppo (o per fortuna) esiste davvero (non si può infatti, ad esempio, dire ai propri creditori che non si possono pagare i propri debiti poiché si è falliti, ma perché si sono solo ricevuti feedback negativi).

Principi tecnici della PNL

I livelli della comunicazione

Uno dei primi aspetti che vengono considerati indispensabili e che vengono insegnati nei corsi, oltre che nei libri di Programmazione Neuro Linguistica, è che esistono non uno, ma ben tre livelli della comunicazione fra individui: quella verbale, quella para verbale, e quella non verbale. Si tratta tuttavia di una classificazione e di una visione che può essere considerata un po' limitata e distorta. In particolare, la comunicazione non verbale viene considerata all'interno della teoria della Programmazione Neuro Linguistica come una delle tre modalità tramite le quali avviene e si sviluppa la comunicazione, oltre, come detto, al livello verbale (ovvero le parole) e al livello paraverbale (tutti quelli che vengono definite azioni paralinguistiche, come ad esempio il tipo di tono di voce utilizzato, il volume della voce, le pause effettuate, e così via). Di solito, nei canali di trasmissione internazionali della PNL, questo tema non viene ben analizzato. In sintesi, viene considerato prettamente nell'analisi dei gesti e delle espressioni del viso che vengono messi in atto da un individuo nel corso di una comunicazione. Per quanto riguarda la tematica della comunicazione non verbale, è ormai da molti anni che esiste un chiaro equivoco, che fa riferimento al fenomeno delle cosiddette percentuali di Albert Mehrabian. Egli è uno psicologo che nel corso dei suoi studi mise in evidenza come, quando due persone discutono dei propri stati emotivi, nella comunicazione di questi stati fossero prevalenti gli elementi non verbali e paraverbale in confronto a quelli verbali. Ancora oggi, nonostante gli avvisi dell'autore per quanto riguarda il corretto utilizzo di questi aspetti, le continue critiche ricevute dai suoi studi per quanto riguarda l'eccessiva schematizzazione e semplificazione del modello di comunicazione, oltre ai suoi continui interventi sulla tematica, molti esperti vanno avanti ad usare comunque gli insegnamenti di Mehrabian con lo scopo di affascinare un pubblico impreparato e suggestionabile. In una lettera spedita nel 2002 allo studioso Atkinson, Mehrabian faceva notare con dispiacere il fatto che molti fraintendessero spesso i suoi studi: "Sono molto deluso dalle citazioni sbagliate dei miei studi. Dall'inizio ho provato a dare le giuste interpretazioni delle mie teorie. Purtroppo, la disciplina dei cosiddetti consulenti di immagine e ha tantissimi "esperti" ma con pochissima esperienza". L'aspetto strano e ironico riguardo a questi fatti è che essi vengono solitamente citati soltanto con lo scopo di creare curiosità ai futuri partecipanti nel corso della propaganda dei corsi di Programmazione Neuro Linguistica.

I predicati sensoriali

Uno dei più famosi presupposti della

Programmazione Neuro Linguistica (e anche tra i più discussi per quanto riguarda la sua validità tecnico scientifica) è quello secondo il quale gli individui percepirebbero il mondo circostante e quindi fonderebbero le loro valutazioni, su quello che viene definito un senso che prevale (prevalente) sugli altri: vista, udito, olfatto, gusto, tatto. Secondo questa ipotesi, gli individui sarebbero caratterizzati da tratti specifici: comunicherebbero in una certa modalità, si muoverebbero in un altro modo, utilizzerebbero il proprio sguardo in modi diversi e individuali. Ad esempio, ci sarebbero individui "visivi", che, secondo questo studio, preferirebbero usare di più termini come "guarda", "fammi vedere", "vediamo", etc. questa persona avrebbe la tendenza a fissare sempre negli occhi i propri interlocutori e sarebbe caratterizzata da una respirazione di tipo ampio e profondo. Si tratta però di una teoria, come è immaginabile, per la quale non è mai stato valutato nessun riscontro tecnico né scientifico: sociologi, psicologi e studiosi hanno condotto molti e vasti studi in questa direzione, senza mai ricevere conferma di nessun tipo. Motivo per il quale esso deve essere considerato alla stregua di una teoria priva di basi e sicuramente fuorviante. Anzi, è probabile che sia proprio questa la ragione per la quale il mondo accademico ha fin dall'inizio accusato il settore della Programmazione Neuro Linguistica di costituire non una scienza bensì una pseudoscienza.

La teoria delle submodalità

Dagli studi (senza alcun fondamento) delle modalità di ingresso deriva la teoria delle submodalità. Essa non è niente altro che uno studio di come una esperienza può essere recepita, nella quotidianità, dalla mente degli esseri umani: per esempio come l'uomo riesce a raffigurare nella propria mente determinati immagini (trattasi di picture di dimensioni grandi o piccole, in nero e bianco, piuttosto che a colori, oppure anche in lontananza o vicinanza e così via dicendo), le onde sonore (recepite dall'orecchio umano e poi trasmesse al cervello in funzione di frequenze alte o basse, in lontananza o anche vicini, o impulsivi oppure prolungati) e le percezioni sensibili delle immagini (per esempio possono sembrare calde o fredde, ferme staticamente oppure in movimento dinamico e così via).

Su molti soggetti fisici (persone), il fatto di poter

analizzare le proprie rappresentazioni mentali riuscendo a modificare il modo di elaborarle mentalmente porta ad un palpabile ed effettivo cambiamento del loro stato emotivo della persona stessa rispetto all'immagine che si sta considerando. Non vi è l'esistenza, nemmeno in questo contesto trattato di evidenti studi e validazioni scientifiche che fungono da prova di quanto viene affermato in merito a questa metodologia, tutto ciò ovviamente anche se il modello e livello empirico sia una delle metodologie più presenti nell'insegnamento e nonostante porti a dei risultati abbastanza soddisfacenti ed apprezzabili in molti soggetti che utilizzano questa pratica.

Un breve accenno al Metamodello linguistico

Questo modello (linguistico) appena nominato non è niente altro che una formulazione e raggruppamento di domande, il cui scopo finale è l'esplorazione del modello mentale della persona che sta interagendo verbalmente. Tale è fondato sulla base di un principio costruito e modellato, da Noam Chomsky, facendo riferimento al così nominato "asse analogico digitale della comunicazione". Il fronte digitale della comunicazione è l'elemento linguisticamente enunciato ("cane", per fare un esempio classico e semplice), invece il fronte analogico non è nulla di complesso, si tratta della raffigurazione semantica di quel preciso elemento che risiede nella mente del soggetto parlante ("cane di grande taglia, nero, di nome Lucky, che si ha ogni arco temporale di trenta secondi, e così via dicendo). Quest'ultimo è un argomento di ampio interesse, dove per esso è presente un apposito e doveroso approfondimento.

Analisi del Milton Model

Il cosiddetto "Milton Model" è un modello linguistico che si basa sulle analisi e sul lavoro del dottor Milton Erickson, noto medico che si occupa di ipnoterapia, codificato da Bandler e Grinder dopo aver raccolto dati e analizzato centinaia di ore di lavoro del dottor Milton Erickson, quando era a stretto contatto e lavorava per i suoi pazienti. A differenza del modello precedentemente elencato ed analizzato (il metamodello), la cui finalità ultima risiede nell'analizzare il senso profondo delle frasi superficiali enunciate dagli individui stessi, il modello di Milton è una metodologia di linguaggio volutamente generico o, ancora meglio, denso semanticamente, ovvero un modalità di parola cioè che genera delle suggestioni emotive verso l'ascoltatore, questo proprio perché esso è a-specifico e consente ad ogni singolo individui di riuscire a riconoscere il modello personale nel mondo delle parole del soggetto parlante. Considerando l'amore per la precisione, si tratta, di una definizione non completa, ma parziale che, come è stato già accennato in precedenza, necessita e merita un importante viaggio nel passato per poter approfondire meglio ciò di cui parliamo.

Neurofisiologia: neuroassociazione ed ancoraggi

Un altro fondamentale ed essenziale muro portante di ciò che è l'insegnamento della Programmazione Neuro Linguistica è il cosiddetto ancoraggio, niente di meno che la neuroassociazione, ovvero il collegamento che si viene a stabilire tra un determinato stato emotivo e uno determinato stimolo, sia che esso sia interno o esterno. Le denominate, in precedenza, "ancore", sono un fenomeno neurofisiologico molto frequente e tipico dell'esperienza umana (un classico esempio è il profumo di biscotti che ci porta a ricordare la nostra infanzia o il vissuto passato, un altro esempio può essere anche una semplice canzone che ci commuove nell'immediatezza) vengono insegnate durante i vari corsi di insegnamento come un valido elemento per poter accedere molto velocemente a stati d'animo ed emotivi potenzianti.

Spesso e volentieri, per poter cogliere il concetto di "ancora", sono citati gli studi del dottor Pavlov, uno scienziato illustre russo noto per via dei suoi studi basati sui cani, la salivazione dell'apparato salivare e gli stimoli di fame legati al cibo. Ci riferiamo a citazioni, che solitamente risultano essere incomplete, tali vanno a suggerire il concetto (o l'idea) che basti avere o comunque creare un determinato stimolo per ottenere sempre ed avere a disposizione degli stati emotivi potenzianti: Pavlov, al contrario di ciò che è appena stato specificato, dimostrò come le neuroassociazioni tendano a perdere di efficacia con il passare del tempo, se non sufficientemente o adeguatamente stimolate e mantenute quindi attive.

Cosa sono i canali oculari di accesso, o anche detti "di accesso oculare"

Secondo quanto viene detto all'interno della teoria dei "canali oculari di accesso", quando un soggetto fisico (persona) riesce a recuperare diverse nozioni dal suo "castello" mentale o, viceversa, inventa delle informazioni volontariamente, il suo sguardo si orienterebbe fisicamente in luoghi differenti: per esempio in alto a sinistra nella prima casistica, o in alto a destra nella seconda eventualità e così via, dove si possono fare mille altri esempi. Purtroppo, anche per questa elaborazione teorica non vi sono fondamenta scientifiche e si tratta, alla fine di tutto, di una semplice e pura ipotesi teorica, che fu in seguito smentita da una serie abbondante di casi che riescono a disattendere in toto quanto è stato affermato in quasi tutti i testi più diffusi a livello mondiale della Programmazione Neuro Linguistica. Per nostra sfortuna, in molteplici corsi di studio, e si parla di corsi tenuti ad un livello internazionale e addirittura mondiale, questa ipotesi è tutt'ora spiegata e proposta come una base solida teorica e vera.

Breve cenno al "Sleight of mouth"

Nella lingua italiana, si parla comunemente di destrezze del linguaggio comune per illustrare determinate e specifiche tecniche e nozioni linguistiche che consentono, mediante l'utilizzo di assunti o quesiti specifici, a illustrare al soggetto che parla una diversa illustrazione della percezione reale rispetto a tutto ciò che viene percepito, mediante il solitamente denominato "re - incorniciamento", di questo termine con "cornice" si va a far riferimento letteralmente alla modalità ed al punto di vista attraverso il quale una determinata persona o soggetto analizza e recepisce la realtà che lo circoscrive. Questo è sostanzialmente uno dei temi più trattati ed importanti, portato avanti con fermezza e soprattutto costanza dal dottor Robert Dilts, attraverso continui studi, continue ricerche su questi argomenti.

Basi fondamentali dei Metaprogrammi

Che cosa sono? Tali non sono nient'altro che i piani applicativi strategici che sono attuati direttamente in campo dall'essere umano per poter fare e raccogliere la giusta esperienza del mondo e che vanno a comporre come un puzzle la loro "mappatura". Tali formano e costruiscono i necessari "filtri" con cui l'essere umano si motiva e si stimola, processando le giuste informazioni, riescono a trovare infine una certezza rispetto a ciò che sono le decisioni prese e via dicendo. All'interno di questo insieme di strategie e analisi, ne fanno parte inoltre alcuni dei più famosi e celebri paradigmi cognitivi.

Considerazioni basilari su "Obiettivi ben formati"

Questa branca è di recente formazione ed acquisizione. Perché si dice ciò? Basta considerare che la Programmazione Neuro Linguistica prende forma intorno agli anni 70 e parallelamente ad essa il management statunitense ha iniziato sempre di più a trattare in maniera sempre più consolidata di obiettivi che si sono venuti a formare poi verso gli anni 90.

All'interno del percorso di studi di Programmazione Neuro Linguistica si tratta molto frequentemente i cosiddetti obbiettivi SMART (Specifico, Misurabile, Accessibile, Realistico, Temporalmente definito), senza però dare il giusto onore al fatto che la sigla deriva, appunto, dal famoso management di Peter Druker.

L'obiettivo SMART attualmente, è oggetto di studio molto tipico del coaching, cosa ben differente dalla Programmazione Neuro Linguistica, anche se molto frequentemente la figura di coaching è strettamente associata a quella di Programmazione Neuro Linguistica.

Periodo temporale: timeline

La tecnica di cui ora parliamo (timeline) non è nient'altro che una modalità operativa su cui si basa la Programmazione Neuro Linguistica le cui fondamenta radicano sul modo in cui l'uomo riesce a percepire la cognizione temporale all'interno dello spazio. I soggetti fisici (persone), appunto, riescono a percepire il tempo come una lunga linea retta su cui essi camminano, rappresentando il futuro di fronte e conseguentemente il passato alle spalle, oppure anche come una linea retta posta davanti a loro che scorre: in questa casistica, l'arco temporale passato è posto alla loro sinistra mentre l'arco temporale futuro è posto alla loro destra. Quest'ultima disposizione spaziale è tipica solo dei paesi nella quale la modalità di lettura scorre da sinistra verso destra ed in cui il futuro, conseguentemente, è posizionato, davanti alla vista dell'essere umano.

Sono presenti nel mondo anche dei popoli in cui

questi principi non hanno nessuna validità: sono un classico esempio le famose popolazioni aborigene , esse infatti considerano la classica disposizione del passato alle spalle e futuro davanti agli occhi (il perché è molto semplice: essi affermano, e con un senso logico che gli permette di avere una buona dose di ragione, che ciò che è effettivamente guardare è il passato, poiché vissuto e ricordato, mentre il futuro, essendo incognito, imprevedibile e non ponderabile, non può essere analizzato e guardato o ricordato coi propri occhi e quindi conseguentemente posizionato davanti agli occhi del soggetto parlante).

Sempre a titolo di esempio, nei paesi in cui la cultura definisce una modalità di lettura che va da destra verso sinistra, quanto indicato in precedente deve essere applicato in maniera opposta. Dopo aver fatto queste opportune precisioni, che obbligano al soggetto svolgente una precisa e minuziosa analisi della persona sulla quale applicare la modalità esecutiva, quest'ultima è definita da una serie infinita di variabili ed è incentrata nel riuscire a definire visivamente gli eventi passati sulla linea, per poi poter successivamente lavorare con questi eventi attuando altri principi che costituiscono la Programmazione Neuro Linguistica.

CAPITOLO 3

Programmazione Neuro Linguistica e strategie di vendita

Il principio dell'imbuto

Esistono fondamentalmente due strategie di vendita che si basano sul principio cosiddetto *dell'imbuto*. Esso afferma in **primo luogo** che il rapporto tra numero di clienti incontrati e di vendite andate a buon fine è circa del 10%. Ciò significa, ad esempio, che, per ogni cinquanta clienti visti in sette giorni, la percentuale delle vendite è di circa cinque su cinquanta. Se si desiderassero quindi aumentare le proprie vendite, bisognerebbe raddoppiare il numero di clienti che si incontrano nell'arco di una settimana. Proporzionalmente, quindi, per triplicare il proprio guadagno bisognerebbe (secondo l'esempio in questione) vedere centocinquanta clienti in una settimana, per poter effettuare quindici vendite. E così via. Il limite principale di questa strategia sta nel sovraccarico di tempo ed energie che il venditore dovrebbe subire per portarsi a casa guadagni elevati: ne vale davvero la pena?

Il **secondo metodo** sembra invece più sano. Si basa sul fatto di incontrare principalmente clienti interessati già di per sé a ciò che vendi, modo da facilitare la conclusione della vendita. L'unico limite di questa strategia consiste nel capire come mai anche clienti potenzialmente interessati al vostro marchio non acquistino comunque i vostri prodotti. L'errore, in questo caso, consiste nell'uso di un approccio scorretto alla vendita: questo approccio non dovrebbe infatti essere uguale per tutti, ma andrebbe modificato e personalizzato a seconda del cliente che ci si trova davanti. Lo stesso approccio alla vendita non funziona per tutti. Questo errore di valutazione lo si commette spesso involontariamente, dal momento che spesso sono le aziende stesse che insegnano ai propri venditori un unico approccio alla vendita che ha ottime percentuali di successo, ma che comunque non è valido per tutti. Un buon venditore, in sintesi, deve essere capace di modificare il proprio stile di vendita oltre a saper improvvisare.

La terza strada

Esiste però anche una **terza strategia** alternativa a queste due già note. Essa punta a colmare il punto debole della seconda strategia. Una volta compreso che la strategia di vendita va cambiata a seconda della persona che ci si trova davanti, è possibile aprirsi all'apprendimento e alla sperimentazione di diverse possibilità di vendita. Va subito sottolineato che per poter veramente comprendere il cliente che si ha davanti è indispensabile stabilire **empatia** con lui. Questa è quella che viene chiamata la tecnica del **rispecchiamento**. Dal momento che i primi trenta secondi sono essenziali per fornire una prima impressione positiva di sé come venditori, il rispecchiamento è una tecnica indispensabile per stabilire un rapporto di vendita che si basa sull'empatia. Grazie a questo approccio si possono abbattere gli eventuali ostacoli che si presenteranno lungo il percorso, facilitando così il primo dei quattro step che compongono un rapporto di negoziazione positivo: il primo passo riguarda la raccolta delle informazioni. Gli altri tre sono: trovare la giusta strategia, personalizzare la propria proposta nel modo migliore, saper gestire le obiezioni del cliente.

Durante il primo step bisogna carpire ogni informazione riguardante: i bisogni del cliente, le parole chiave ad essi collegati, ovvero quelle che il cliente ha bisogno di sentirsi dire per associare il vostro prodotto al proprio bisogno, e infine i **Metaprogrammi** (ovvero gli schemi di comportamento e di percezione tramite i quali gli individui, inconsciamente, filtrano la realtà quotidiana e le esperienze del proprio vissuto). Ciò si ottiene tramite l'utilizzo, ad esempio, di domande aperte (es. *come posso aiutarla? Quali sono le sue esigenze?*). In questo modo si può capire di cosa ha davvero necessità il mio cliente e quali sono le parole chiave (key words) che andranno utilizzate nel formulare la propria proposta di vendita. Le parole chiave sono quelli che nella PNL vengono definiti come **ancoraggi auditivi** che tutti noi abbiamo, e qui quali la vendita si appoggia per frase presa sugli individui. Gli **ancoraggi**, come abbiamo accennato nel capitolo precedente, sono interruttori che agiscono sull'emotività delle persone, colpendo i punti nei quali esse sono più vulnerabili. È il caso, ad esempio, di particolari suoni o profumi che possono evocare nel cliente ricordi e sensazioni positive. Nel corso di uno spot pubblicitario si può quindi utilizzare un prodotto che verrà presentato con una colonna sonora suggestiva in sottofondo: inconsciamente, le persone tenderanno ad associare le sensazioni positive suscitate da quella melodia, con il prodotto sponsorizzato.

Proprio questo meccanismo sta quindi alla base dell'utilizzo delle **key words**, anche dette, per il loro modo di funzionamento, **trance words**. Esse sono parole specifiche che, quando pronunciate, affascinano il potenziale cliente e influiscono sul suo processo decisionale. Se, ad esempio, l'interlocutore fa capire (anche indirettamente) al venditore di aver bisogno di un pc che sia pratico e leggero da trasportare, a causa dei numerosi spostamenti per lavoro, le key words che mi garantiranno con più probabilità di concludere la vendita saranno ad esempio "pratico" e "maneggevole".

Questa è una tecnica apparentemente semplice ma molto potente, che incrementa di molto la percentuale di vendita. Essa, infatti, si basa sul fare leva sui bisogni del nostro interlocutore, e a ciò aggiunge il fascino suscitato dalle trance words.

Come si è capito fino ad ora, è indispensabile chiedersi e cercare di capire chi sia il tipo di cliente che dobbiamo convincere, e di cosa egli abbia veramente bisogno. Ciò serve soprattutto ad adattare di conseguenza la nostra proposta, ma anche a suscitare un senso di fiducia nel nostro cliente.

È tramite le domande aperte, quindi, che si

potranno capire quali sono i **bisogni** del cliente, si potranno di conseguenza suggerire anche strade alternative inizialmente non prese in considerazione dall'interlocutore. Se ad esempio ci troviamo di fronte ad un cliente che desidera un prodotto di una marca specifica che io non possiedo, è consigliabile non liquidare il cliente con un semplice "mi spiace, non ce l'ho", ma consigliargli strade alternative una volta compresi i suoi bisogni. Gli si potrà quindi domandare "A che scopo ha bisogno di tal prodotto?". È possibile così capire come mai il cliente desideri proprio quella marca nello specifico, e potergli consigliare marche dalle caratteristiche simili, che rispondano comunque ai suoi bisogni. Si tratta di un ottimo modo per proporre soluzioni simili e non perdere una vendita né un cliente.

Tuttavia, se il nostro cliente è intenzionato all'acquisto di quel brand in particolare, sarà molto difficile fargli cambiare idea e indurlo all'acquisto di una marca che non conosce, soprattutto se si tratta di un prodotto dal costo elevato. È qui che entrano in gioco i cosiddetti **criteri decisionali**. Una persona compra qualcosa basandosi su specifici criteri: può trattarsi del prezzo, della qualità del prodotto, della possibilità o meno di pagare a rate. In sostanza, diviene a questo punto essenziale capire quale sia il criterio decisionale fondamentale che viene utilizzato dal cliente che ci troviamo davanti in quel momento. Se ad esempio egli vuole un prodotto qualità senza badare al prezzo, sarà senza senso offrirgli sconti e promozioni per fare in modo che compia l'acquisto. Al contrario, se il cliente desidera spendere poco, varrà la pena investire il tempo della trattativa elencando le qualità del prodotto a basso prezzo che viene offerto, e la eventuale possibilità di restituzione post-vendita. Questa attività investigativa, per quanto essenziale, dipende però dal genere della trattativa che si sta conducendo.

In sintesi, un venditore che sa fare bene il

proprio lavoro è in grado di individuare, in un cliente:

- i suoi bisogni reali e quelli percepiti;

- i criteri decisionali che egli mette in atto nella scelta del prodotto da acquistare.

Questi dati, una volta raccolti, andranno inseriti nella formulazione della proposta di vendita; in questo modo il venditore sarà in grado di fare l'offerta giusta, che combacia con la sfera soggettiva del cliente, e che avrà un'alta probabilità di andare a buon fine. Nel corso di questo processo, va tenuto a bene che ciò che conta è solo la vendita. Il venditore non dovrà in alcun modo (per non penalizzare se stesso e il proprio lavoro) tenere conto della propria opinione personale riguardo a ciò che è meglio o peggio per il cliente. È anche vero però che non bisogna insistere con la proposta di vendita di cose che non c'entrano assolutamente nulla coi bisogni dell'interlocutore: se egli è entrato nel vostro negozio per comprare un computer, non avrà senso cercare di vendergli a tutti i costi una play station, solo perché la si deve vendere. Si rischierebbe così di essere ricordati come seccatori e di farsi piazza pulita intorno a causa del passaparola negativo. Va tenuto a mente che un buon venditore, a prescindere dai propri interessi personali, mette in atto un certo codice etico che gli consentirà di sviluppare col tempo una reputazione positiva. Questo approccio e questo comportamento sono indispensabili per poter creare fiducia ed empatia nel cliente. È un metodo che consente di approdare ad una clientela fidelizzata sul lungo periodo, anche talvolta è necessario rinunciare alla vendita per mantenere la propria credibilità e integrità e, di conseguenza, reputazione.

Le linee guida del buon venditore

Esistono infine dei principi che è bene seguire se si vuole diventare venditori esperti mettendo in atto i principi della PNL. Li elenchiamo qui sotto.

1. Non fornire informazioni eccessive

La mente umana riesce a soffermare la propria attenzione su un numero circoscritto di nuove informazioni. Dando troppe informazioni sul prodotto si rischia quindi che il cliente non sia in grado di assimilarli correttamente. La PNL consiglia di stabilire un massimo di cinque argomentazioni, da approfondire progressivamente.

2. Parlare lentamente e in modo chiaro

Parlare lentamente e con una terminologia precisa ma semplice, consente al cliente di comprendervi in maniera chiara e immediata. È quindi bene, nel processo di vendita, adottare un linguaggio spontaneo e semplice, ed esporre il proprio discorso in modo conciso, pulito, e senza parlare velocemente. Il cliente, altrimenti, non riuscirebbe a soffermare la propria attenzione in maniera efficace su ciò che state dicendo.

3. *Formulare un elenco dei punti chiave e ripeterli a fine proposta, come sintesi*

È una strategia utile ad imprimere più facilmente la nostra proposta nella mente del consumatore. Si potrebbe dire, ad esempio, in fase iniziale: "ora cerchiamo di capire quali sono le caratteristiche più importanti di questo prodotto", e a fine proposta invece: "come abbiamo visto, quindi, le caratteristiche fondamentali di tal prodotto sono…" in questo modo le informazioni rimarranno ben impresse nella mente del cliente.

4. *Mostrare entusiasmo verso il prodotto*

L'entusiasmo suscita entusiasmo: questo è un dato di fatto. Un venditore che non mostra di credere in ciò che vende non sarà mai pienamente credibile. Quindi, la giusta dose di entusiasmo nel corso della spiegazione della proposta, potrà spianare la strada alla trattativa e predisporre in maniera positiva il cliente sia nei confronti del venditore che del prodotto. Si dovrà poi mostrare grande preparazione e confidenza con ciò che si vende: l'insicurezza e l'incapacità di rispondere a domande o obiezioni specifiche, vi farà rischiare di ricevere un'opinione negativa da parte del cliente, inducendolo a pensare che voi in primis non conosciate il proprio prodotto e che siate solo intenzionati ai soldi. È impossibile riuscire a convincere qualcuno se in primis non si è sicuri di ciò che si dice, e preparati.

BITCOIN

CAPITOLO 1

Bitcoin cos'è e come funziona

Il bitcoin è la moneta virtuale più famosa al mondo. È nata nel 2009 grazie al suo inventore Satoshi Nakamoto, che in realtà è rimasto in anonimato fino ad oggi, quindi, effettivamente non sappiamo se si tratti di una singola persona o di un gruppo di persone.

Nello specifico, possiamo definire, i Bitcoin come una criptovaluta.

Quest'ultime si basano sulla crittografia per mantenere la sicurezza del sistema e generare la moneta.

I primi software per usare e generare i Bitcoin sono stati distribuiti nel 2009.

Il sistema dei bitcoin si basa su una rete informatica chiamata peer to peer, dove i computer non sono formattati come client o server, ma possono comunque servire altri terminali della stessa rete.

Ogni tipo di computer può avviare o completare una transazione, ma non esiste un computer centrale che assume il pieno controllo sul funzionamento e sulla sicurezza dell'intera rete. Infatti la rete si controlla da sola sulla base di algoritmi matematici.

Quindi, in questo contesto è facile dire che si tratta di una moneta libera nel mercato, senza una banca centrale che controlli e regoli il tutto e senza la presenza di intermediari per i trasferimenti in denaro.

Questo sistema si basa su un database che si trova tra i vari utenti e che tenga traccia di tutte le transazioni per garantirne una certa autenticità e la regolarità delle stesse.

Tra l'altro, ovviamente, non essendoci nessuna banca centrale né tantomeno intermediari, i costi di uso del sistema sono molto bassi anche perché non esistono condizioni per l'apertura di un conto e nemmeno la possibilità che il conto venga bloccato.

Per quanto riguarda le condizioni legali e giuridiche legate al Bitcoin, queste, cambiano da paese a paese. In alcuni paesi è ancora indefinito, mentre, in altri è in fase di trasformazione.

Il futuro di questa moneta è tutto nella mani della cosidetta legalità e da quando saranno accettati dalle autorità finanziarie come classe di investimento.

Il sistema bitcoin funziona attraverso due metodi.

Uno è la transaction chain che serve a tenere traccia di tutte le transazioni in modo tale che coloro che spediscono denaro lo abbia per davvero nel proprio portafoglio virtuale.

L'altro metodo è la blockchain che serve ad assicurare una certa sicurezza, quindi, a limitare al minimo le truffe.

Entrambi i metodi sono usabili da tutti i computer dalla rete bitcoin.

Per spedire denaro bisogna comunicare al sistema che il proprio conto si deve ridimensionare di una certa quantità di denaro e che quello del destinatario deve aumentare di questa stessa quantità.

I computer della rete tengono traccia della operazione nella loro copia del registro e poi la passano agli altri computer della rete bitcoin.

Ogni singola operazione deve essere usata completamente in ogni transazione.

Quindi, se per caso stiamo cercando di inviare un importo che non corrisponde a una delle operazioni intraprese, è necessario inviare l'importo residuo a se stessi e poi inviarlo nuovamente al destinatario.

Quando la transazione viene usata una volta è

spesa perciò non può essere usata nuovamente.

Ovviamente la rete bitcoin controlla che le transazioni siano valide attraverso la firma digitale, ovvero un algoritmo matematico che impedisce la copia o la contraffazione.

Infatti, la firma digitale proviene da un meccanismo di crittografia e matematica molto complesso ed è formata da una chiave sia privata che pubblica.

La rete bitcoin, però, non contiene nessuna traccia dei conti, quindi, per verificare che il mittente abbia realmente quel denaro che sta inviando si devono seguire i collegamenti alle transazioni precedenti.

I Bitcoin disponibili in rete sono ventuno milioni, mentre, quelli davvero in circolazione sono circa nove milioni.

Il valore del Bitcoin è passato da zero, nell'anno 2009 ovvero quando è nato, fino ad arrivare al picco massimo di milleduecento dollari.

CAPITOLO 2

Transaction chain e Blockchain

Il concetto da tenere bene in mente è che le transazioni sono tutte all'interno di un blocco protetto da un codice che contiene tutte le informazioni che riguardano quel blocco in questione e del codice del blocco precedente. Ecco perché si parla di "catena": perché il codice di un blocco non può essere modificato ed è collegato al codice del blocco precedente,

I computer lavorano nella blockchain, validandola, mettendola al sicuro e condividendola su tutta la rete distribuita.

Per inviare un tot. Bitcoin ad una determinata persona, quella che invia dovrà fare riferimento a quelle transazioni in cui ha ricevuto la stessa quantità di Bitcoin o addirittura maggiore.

Quando verrà verificata la transazione di tot. Bitcoin tra queste due persone, i computer della rete andranno a controllare che la prima persona abbia davvero ricevuto quelle transazioni.

Quindi, come abbiamo detto, la validità delle transazioni dipende dalle precedenti.

In realtà, andrebbero verificate tutte, oltretutto perché su Bitcoin si lavora con dei perfetti sconosciuti e non esiste un soggetto che controlla il sistema.

Infatti, quando viene installato un portafoglio Bitcoin, lo stesso scarica ogni transazione fatta e controlla la validità di tutte quelle precedenti fino ad arrivare alla prima.

Questo processo può richiedere più di ventiquattro ore, ma va fatto solo la prima volta, e cioè quando si apre un account.

Il sistema bitcoin, infatti, conserva un registro di transazioni.

Questo sistema, presenta però un svantaggio

molto importante ovvero l'ordine delle transazioni.

Il messaggio che parte dalla transazione passa di computer in computer attrezzature la rete bitcoin, anche se non arriva nello stesso momento a tutti i computer.

Inoltre, non esiste alcuna garanzia che l'ordine con il quale ogni computer riceve il messaggio sia l'ordine reale con il quale vengano fatte le transazioni. Non avere la certezza se una transazione sia stata fatta prima di un'altra può creare diversi problemi.

Infatti, alcuni computer potrebbero ricevere la seconda transazione prima della prima transazione, considerando valida la seconda. Nella rete, quindi, si andrebbe a creare un certo disequilibrio e cioè dati contraddittori e non ci sarebbe modo per dimostrare quale delle due transazioni sia avvenuta per prima.

La soluzione a questo problema è data dal

sistema blockchain, cioè la rete bitcoin ordina le transazioni in gruppi che vengono chiamati blocchi e collega gli stessi in questa catena blockchain che funziona in modo diverso dalla transaction.

La Blockchain mantiene traccia dell'ordine delle transazioni, invece, la Transaction Chain mantiene la traccia di come cambia la proprietà dei Bitcoin.

Le transazioni nello stesso blocco della Blockchain sono considerate avvenute nello stesso momento. Le transazioni non ancora in un blocco sono considerate non confermate o addirittura non ordinate.

Ogni singolo computer può raccogliere un insieme di transazioni che non sono confermate in un blocco e trasmetterle al resto della rete per essere approvate.

Diversi computer possono creare diversi blocchi nello stesso esatto momento e quindi potrebbero presentarsi più opzioni tra le quali poter scegliere.

La rete può decidere quale sarà il blocco successivo da inserire nella Blockchain in base alla risposta che un blocco ha rispetto ad un problema matematico molto particolare.

Senza entrare nei dettagli, trovare la soluzione del problema è abbastanza complicato cioè ci vorranno diversi tentativi per trovarla e solitamente la rete di Bitcoin impiega una decina di minuti per giungere alla soluzione.

La prima persona che riesce a risolvere il problema trasmette il blocco e le sue transazioni vengono accettate come prossimo blocco all'interno della Blockchain.

È abbastanza improbabile che due persone trovino la soluzione al problema contemporaneamente e quindi creare incertezze sulla sequenza delle operazioni.

A volte però, può succedere che più di un

blocco venga risolto nello stesso tempo, portando a diverse soluzioni possibili. L'incongruenza sarà risolta al blocco successivo. La matematica rende abbastanza improbabile che i blocchi vengano risolti contemporaneamente così com'è raro che possa accadere più volte consecutive.

Il risultato finale sarà una stabilizzazione della Blockchain in modo abbastanza rapido con la conseguenza che tutti siano in accordo tra di loro riguardo l'ordine degli ultimi blocchi.

Un vantaggio a favore di questo meccanismo è che è abbastanza impossibile il verificarsi della doppia spesa anche se gli esperti del settore ci tengono a consigliare di aspettare alcuni blocchi per poter considerare ricevuto il denaro.

Quindi, sicuramente possiamo dire che la Blockchain è la parola più usata oggi in ambito digitale e finanziario.

Per comprendere meglio il suo meccanismo, potremmo pensare alla blockchain come ad una grande banca dati condivisa alla quale è possibile aggiungere volta per volta dei nuovi blocchi ai quali tutti possono accedere, ma non è modificabile e la sua sicurezza è assicurata da crittografia.

La particolarità della blockchain è che non ha nessuna autorità centrale di controlla, ma si tratta di un sistema decentralizzato, democratizzato e trasparente. La blockchain non ha costi di transazione, ma solo di infrastruttura.

Inoltre è uno strumento fondamentale per verificare delle informazioni in tema di sicurezza e privacy anche perché qui le identità non possono essere rubate o alterate in quanto nel registro esiste una sola identità per ogni persona.

La blockchain è utile anche per tutte quelle persone che hanno bisogno di immagazzinare grandi quantità di dati ad un prezzo relativamente economico, in tal caso le informazioni vengono memorizzate in piccoli pezzi su tutti i computer della rete, in modo sicuro e non essendoci intermediari, bisognerà pagare solo il servizio.

È perciò una grande innovazione in tema Bitcoin.

CAPITOLO 3

Il portafoglio Bitcoin

Il portafoglio Bitcoin viene usato per conservare i Bitcoin, per trasferirli, per ricevere pagamenti, per fare acquisti online presso gli e-commerce che accettano questo metodo di pagamento, e così via.

Esistono diverse forme di portafogli ognuno delle quali presenta caratteristiche diverse che hanno a soddisfare le esigenze dei clienti e cambiano in base agli accordi si sicurezza, convenienza e accessibilità.

Possiamo parlare del portafoglio di carta ovvero un documento che contiene un indirizzo pubblico usato per ricevere Bitcoin ed una chiave che permette di spendere o trasferire i Bitcoin che sono conservati a quell'indirizzo. Questo viene spesso stampato sotto forma di QR code in modo tale che sarà facilmente scansionabile e sarà possibile aggiungere le chiavi ad un software per poter effettuare una transazione.

I portafogli di carta possono essere creati attraverso dei servizi specifici che permettono agli utenti di creare a loro volta un indirizzo Bitcoin casuale ed una chiave privata per potersi collegare.

Il documento che si crea può essere stampato e quindi pronto all'uso.

Uno dei vantaggi principali di questo tipo di portafogli è che le chiavi non sono conservate sotto forma di elemento digitale, quindi, non è possibile che subiscano degli attacchi da parte di hacker. Comunque per poter usare un portafoglio cartaceo in totale sicurezza occorre prendere alcune precauzioni.

Ovviamente prima di creare un portafoglio di carta bisogna assicurarsi di essere da soli e di non avere nessuno nelle vicinanze, poi, per escludere rischi di spyware è consigliabile usare un sistema operativo pulito.

Una volta che il portafoglio è stato creato, il codice web dovrebbe essere seguito offline cioè scollegandosi da internet prima di generare le chiavi.

Infine, sarebbe opportuno usare una stampante collegata alla rete.

L'altro tipo di portafogli, invece, è il cosiddetto Bitcoin fisico che di solito viene pre caricato con una quantità fissa di Bitcoin e il suo scopo è che il valore contenuto all'interno non può essere sfruttato fin quando la sua chiave rimarrà nascosta. Questo obiettivo solitamente viene raggiunto attraverso la diffusione di un sigillo che non può essere manomesso.

I Bitcoin fisici rappresentano un metodo alquanto conveniente per depositare i propri fondi in totale sicurezza e possono essere parecchio utili per tutte le transazioni offline.

Uno dei principali svantaggi, però, è che ancora oggi potrebbero essere visti come e considerati come una moneta falsa dalle autorità.

Un altro tipo di portafogli che sta riscontrando notevole successo è il Bitcoin mobile adatto a tutti coloro che usano normalmente i Bitcoin per pagare beni in negozi o scambiarli in presenza.

Viene eseguito come app sul proprio telefono, conservando le chiavi private e permettendo di pagare direttamente dal cellulare. Inoltre, alcune app permettono agli utenti di sfruttare la tecnologia di comunicazione dei propri telefoni ovvero per effettuare degli acquisti è possibile semplicemente avvicinare il telefono al lettore senza la necessità di fornire altre informazioni. I portafogli mobile sfruttano la tecnologia di verifica semplificata di pagamento cioè lavorano con piccoli insiemi della Blockchain facendo affidamento su computer sicuri della rete bitcoin per confermare l'acquisizione di informazioni corrette.

Sicuramente è una tra le soluzioni più veloci e convenienti, ma possono facilmente essere attaccati dagli hacker.

O ancora possiamo parlare dei portafogli web che conservano le proprie chiavi private su un server di proprietà della compagnia che fornisce il servizio sempre tutto online e controllato da terze persone.

È possibile effettuare diverse operazioni come ad esempio collegare il portafoglio mobile e desktop replicando il proprio indirizzo all'interno dei dispositivi.

I portafogli web, rispetto a quelli mobile, permettono agli utenti di accedere ai fondi da qualsiasi tipo di dispositivo purché sia connesso.

Un aspetto importante da tenere in mente è che alcuni portafogli operano all'interno di

Exchange.

Poi, i portafogli desktop che vengono scaricati ed installati sul computer personale, conservando le chiavi all'interno del disco fisso.

Sono molto più sicuri dei portafogli online e mobile perché risultano più difficili da rubare e non hanno bisogno di terze persone per archiviare i dati. Essendo, però, sempre collegati ad internet potrebbero ugualmente subire degli attacchi.

Rappresentano comunque una valida soluzione per coloro che trasferiscono piccole quantità di Bitcoin direttamente sul proprio computer.

Un altro tipo di portafogli è quello hardware che conserva le chiavi private dell'utente all'interno di un dispositivo hardware protetto.

Questo è uno dei metodi più sicuri per conservare una qualsiasi quantità di Bitcoin e possono essere usati in totale sicurezza rispetto a tutti gli altri portafogli che abbiamo menzionato perché sono immuni ad eventuali virus.

Tra l'altro alcuni portafogli hardware hanno degli schermi e questo rende il tutto ancora più sicuro.

Diciamo, quindi, che i problemi più comuni che potrebbero presentarsi in tutti i tipi di portafogli sono:

- Virus o malware che scansionano il disco e rubano le chiavi private

- Trojan che può criptare tutti i file e quindi trovare tutti i collegamenti ai diversi portafogli

- Exchange virtuale che può scappare con tutti i nostri soldi

- Perdere il proprio PC o telefono con i portafogli installati sopra

Il nostro consiglio è di evitare di usare portafogli che abbiano l'accesso a Internet per poter funzionare, agire sempre con cautela e controllare più volte tutte le corrispettive operazioni.

CAPITOLO 4

Il mining

Per inviare denaro occorre prima di tutto ricevuto e fare riferimento a quest'ultima transazione quando comunichiamo alla rete la transazione successiva.

Ma dovessimo seguire le transazioni andando indietro nel tempo, cosa che viene fatta quando si apre un account per verificare che la catena della transazioni sia regolare, dove arriveremmo?

Si arriverebbe a quella che viene appunti chiamata mining ovvero un premio per coloro che riescono a risolvere un blocco, dando la certezza per la sequenza delle transazioni.

Risolvere blocchi, in questo caso, viene detto Bitcoin mining.

L'attività principale del Bitcoin diventa il motivo

per la remunerazione dei miner.

Ogni quattro anni il numero di Bitcoin viene dimezzato. Così, ci sarà un momento in cui la quantità di questa moneta virtuale in circolazione troverà un certo equilibrio e alla fine di tutto il processo si avranno ventuno milioni di Bitcoin.

Una volta raggiunti i ventuno milioni, quale sarà la ricompensa per controllare la sicurezza del sistema?

Sicuramente la ricompensa saranno le commissioni sulle transazioni controllare e inserite nella Blockchain. In futuro, quindi, inviare denaro non sarà più un'operazione gratuita.

Risolvere i blocchi per garantire la sicurezza della rete richiede un'elevata capacità elaborativa e molta energia elettrica. Per un singolo computer è un compito impossibile.

Le monete che possono essere estratte sono

poche rispetto alla spesa perciò avere Bitcoin in tal modo non è affatto economico.

Per superare questo ostacolo, i miners si riuniscono in alcuni gruppi che vengono chiamati mining pool. Questi sono servizi permettono di mettere insieme la capacità elaborativa dei computer che partecipano e suddividere poi il risultato.

Per poter partecipare a questa mining pool dobbiamo iscriverci, scaricare un software e usare la GPU ovvero la potenza di calcolo della scheda grafica.

Ma si possono avere Bitcoin anche senza scaricare un software apposito, in tal caso la mining pool userà la potenza della nostra CPU, ovvero l'unità di elaborazione del computer.

Possiamo avere bitcoin usando alcuni metodi. Il modo più semplice è quello di acquistare alcuni bitcoin su una piattaforma di scambio Bitcoin anche se così i prezzi sono molto più alti ora. L'altro metodo è quello di non usare denaro e minare bitcoins usando l'hardware del computer, quindi, lo scopo del mining sarà quello di creare o rilasciare nuovi bitcoin da immettere sulla rete.

Questo termine, mining, spesso lo sentiamo associato a risorse naturali come oro, argento e altri minerali. Queste risorse sono limitate nell'offerta e sono perciò merci di grande valore, proprio come il bitcoin.

Nello stesso modo, viene usato per i Bitcoin perché i minatori andranno in profondità nella rete per estrarre quelle preziose monete. I minatori di Bitcoin andranno incontro a diverse difficoltà che riguardano la risoluzione delle operazioni crittografiche.

Il processo di mining di Bitcoin crea due risultati: il primo è quello di assicurare e verificare le transazioni che avvengono sulla rete Bitcoin, e il secondo è quello di creare nuovi bitcoin.

Visto che il Bitcoin, come abbiamo detto, è un tipo di valuta decentralizzata, chiunque ha accesso all'elettricità e una macchina da mining può estrarre bitcoin. Anche se, queste macchine da mining sono molto costose perciò i singoli minatori devono per forza unirsi a gruppi di minatori in quanto le loro macchine individuali non possono gestire il difficile carico di lavoro.

I computer che sono coinvolti nel bitcoin mining cercano di risolvere i problemi matematici che sono così impossibili.

Questi problemi stanno diventando sempre più difficili, oltre ad essere dispendiosi per i computer poiché richiedono molto tempo ed energia elettrica per essere risolti.

Alla fine, senza i minatori, non ci sarebbero bitcoin, che ovviamente sono ricompensati a dovere.

Siccome oggi è molto più complicato unirsi ad un gruppo di minatori, rispetto ai primi tempi, un'alternativa potrebbe essere il Bitcoin Cloud mining.

Si tratta di una soluzione perfetta per le persone che vogliono estrarre bitcoin senza comprare i propri computer da mining e unirsi ad un gruppo.

Non devono preoccuparsi dell'elettricità e di tutti gli altri problemi che i veri minatori devono affrontare.

Tutto quello verrà fatto sarà pagare una quota di sottoscrizione e aspettare che i nostri guadagni in bitcoin siano inviati al nostro stesso portafoglio.

Sono tante le persone ad essere attratte da questo modello, e naturalmente, truffatori e ladri sono pronti a intervenire a riguardo.

Ovviamente lungo il nostro cammino per il successo incontreremo alcune persone che ci incoraggeranno ad andare avanti e minare, mentre altri ci diranno che il tempo di minare bitcoin è oltrepassato.

Con i prezzi dei Bitcoin che continuamente raggiungono dei record storici, l'investimento potrebbe risultare efficace.

Anche se il Bitcoin è una criptovaluta volatile, per cui non possiamo mai prevedere la direzione che prenderà il suo prezzo, quindi è un rischio enorme anche per i minatori quando il prezzo scende.

Qualora questo dovesse accadere, la cosa migliore da fare sarà per i minatori quella di tenere i propri bitcoin e aspettare che il prezzo torni a salire prima di venderli a potenziali compratori.

CAPITOLO 5

Trading e vendita

Il trading e la vendita di Bitcoin possono essere delle attività molto redditizie.

Sicuramente avremo sentito parlare da qualcuno di aver acquistato Bitcoin nei primi giorni quando non valevano quasi niente, ma alla fine dopo qualche anno è riuscito a vendere ogni singolo Bitcoin per migliaia di dollari.

Oppure ci sono state persone e ci sono tutt'oggi che si impegnano attivamente nel trading di Bitcoin e che stanno anche guadagnando molto bene.

Potrebbe sembrare a prima vista tutto molto facile, ma la verità è che il trading di bitcoin non è per tutti.

Ai principianti viene sempre consigliato di

procedere con cautela ed essere mentalmente ed economicamente pronti prima di fare questo passo importante in un mondo che è vero essere ad alto rischi, ma offre anche un'alta ricompensa.

Quando facciamo trading, dovrebbe guidarci la strategia del compra basso e vendi alto in modo da poter ottenere un profitto.

Non possiamo vendere ad un prezzo inferiore rispetto a quello di acquisto perché così venderemo in perdita.

Ma, tutto ciò sembra facile a parole,invece, nella realtà quando abbiamo a che fare con bitcoin che valgono centinaia, migliaia o anche milioni di dollari, se non si possiede la giusta mentalità e la cultura finanziaria, si potrebbe andare nel panico molto facilmente, in particolar modo se si stanno scambiando bitcoin che costituiscono i risparmi di tutta la nostra vita, il fondo pensione o la retta universitaria dei nostri figli.

Quindi, il buon senso e l'autocontrollo dovrebbero sempre prediligere anche molto di più rispetto alla possibilità di guadagnare migliaia di dollari in un solo giorno.

Vediamo insieme alcune strategie di trading di bitcoin.

Alcuni scambi di bitcoin offrono un conto demo dove possiamo giocare e soprattutto provare il trading nel mondo reale usando i prezzi in tempo reale.

Questo è un ottimo modo per farsi un'infarinatura di quelli che succede in questo fantastico mondo.

Quindi possiamo procedere a pianificare la nostra strategia per scambiare bitcoin con successo. Ovviamente non basta solo seguire le notizie e pensare che visto e considerato tutti stiano comprando bitcoin, allora dovremmo comprarli anche noi.

È importante avere un piano che ci dica a

quale prezzo si dovrebbe comprare bitcoin e a quale prezzo venderli per ricavarne profitto, e fare in modo di seguire alla lettera questo piano, così facendo ogni volta che vedremo il prezzo scendere, non andremo in agitazione. Occorre sempre investire piccole somme e non rischiare tutto, soprattutto, quando facciamo trading per la prima volta.

Va bene perdere tutti i nostri soldi in un conto demo, ma quando si tratta di soldi veri, non possiamo rischiare di perdere somme così grandi nel nostro primo giorno di trading.

Qui viene in aiuto la psicologia, ovvero controllare le proprie emozioni. Sicuramente è più che normale preoccuparsi al primo allarme di perdere i propri soldi, dalla teoria avremmo dovuto imparare che il Bitcoin è molto volatile, e in un solo giorno, il prezzo può scendere di centinaia o migliaia di dollari, così come è anche vero il contrario cioè il prezzo può salire altrettanto facilmente nell'ora successiva o quasi.

Quindi, se riuscissimo a tenere a bada le nostre emozioni e pensare in modo logico, potremmo fare davvero molto soldi con il trading di Bitcoin, al contrario saremmo destinati soltanto a perdere.

Esistono tantissime piattaforme di trading di Bitcoin popolari come ad esempio una delle più conosciute e usare è Coinbase.

Coinbase è uno dei più grandi scambi di valuta digitale nel mondo oggi, così come ne esistono tantissime altre più o meno simili che offrono gli stessi servizi.

Quando facciamo trading sui bitcoin, operiamo sui movimenti dei prezzi di mercato della criptovaluta.

Prima di addentrarci, però, nella vera e propria operazione di trading dovremmo tenere in mente tutti quei parametri che influenzano l'andamento del prezzo degli stessi Bitcoin:

- Disponibilità degli stessi perché se la domanda in futuro dovesse aumentare, allora la disponibilità di Bitcoin sarebbe limitata e lo stesso succederebbe per il valore finale

- Cattiva pubblicità perché tutte le informazioni che riguardano la sicurezza, il valore e la longevità dei bitcoin ha un'influenza negativa sul prezzo di mercato

- Integrazione perché se i Bitcoin sono associati in modo corretto ai sistemi di pagamento e al settore bancario, allora, la domanda crescerà con un effetto positivo sul prezzo dei Bitcoin

- Eventi chiave cioè se dovessero intervenire delle modifiche che riguardano un qualsiasi aspetto dei bitcoin ne sarà influenzata quotazione, al contrario, delle modifiche in positivo ne aumentano il valore

Esistono diverse strategie per fare trading, quelle più usate e più conosciute sono:

- Strategia di day trading che prevede l'apertura e la chiusura delle posizioni nella stessa giornata di negoziazione, perchè in questo modo non ci sarà esposizione durante la notte, evitando i costi di finanziamento overnight. Questa strategia è adatta ai trader che vogliono trarre vantaggio dai movimenti di mercato a breve termine e permette di sfruttare la volatilità giornaliera della criptovaluta

- Strategia trend trading che prevede l'apertura di una posizione che segue la tendenza di mercato attuale

- Strategia Hedging che prevede un ridimensionamento della propria esposizione al rischio aprendo una posizione opposta ad una che già esiste.

Questa strategia protegge nel caso in cui il mercato si muova a nostro sfavore

- Strategia HODL che prevede l'acquisto e il mantenimento dei bitcoin. Deve il suo nome ad un errore di ortografia della parola hold su un forum sulle ciptovalute,quindi, si dovrebbe acquistare e mantenere i bitcoin soltanto nel caso in cui le previsioni a lungo termine siano positive

Per esporsi sul mercato dei bitcoin esistono diversi modi.

In primis fare trading con i CFD, in tal modo, potremo operare long sui mercati al rialzo,invece, operare short su quelli al ribasso.

Poi possiamo acquistare bitcoin attraverso un Exchange, adatta a tutti coloro che usano la strategia HODL per acquistare o mantenere i bitcoin. Quando acquistiamo bitcoin in questo modo acquistiamo anche la proprietà, sperando che il prezzo prima o poi aumenti.

Infine potremmo investire in ETF sui bitcoin che seguono l'andamento del mercato sottostante, ma in questo caso non avremo la proprietà della criptovaluta.

Quando facciamo trading sui bitcoin, se dovessimo pensare che il prezzo salirà allora acquisteremo dei contratti, al contrario, se dovessimo pensare che il prezzo sia destinato a scendere, li venderemo. Una volta aperta l'operazione, dovremo controllare sempre i mercati per avere la sicurezza che si muovano secondo le previsioni fatte o ipotizzate.

Gli indicatori tecnici che sono disponibili sulle diverse piattaforme possono aiutarci a comprendere i futuri movimenti di prezzo e a monitorare condizioni come volatilità o sentiment di mercato.

Possiamo decidere di chiudere una posizione sia per prelevare i profitti raggiunti sia per limitare le perdite quando sono arrivate ad un determinato livello.

I profitti verranno versati direttamente sul nostro conto, mentre le perdite verranno detratte dal saldo presente.

CAPITOLO 6

Investimenti

Con la crescita del valore di Bitcoin, molte persone hanno investito e continuano a farlo in questa valuta digitale per sperare di avere enormi profitti in futuro.

Investire nel mercato volatile delle criptovalute potrebbe non essere una buona idea soprattutto per alcune persone perché come abbiamo detto dovremmo gestire correttamente le nostre emozioni, avere una certa disciplina e la concentrazione giusta per ignorare i guadagni a breve termine.

Se fossimo davvero determinati ad andare avanti e a possedere una piccola quota del mercato delle criptovalute, allora dovremmo almeno conoscere i metodi più adatti per poter avere il massimo da quello che sarà il nostro investimento.

Il metodo della media del costo del dollaro è la strategia migliore per coloro che sono alle prime armi nel mondo degli investimenti perché non c'è bisogno di preoccuparsi di entrare nel mercato al momento giusto, quindi, non occorre aspettare che il prezzo del bitcoin scenda, ma dobbiamo solo comprare ad intervalli regolari per distribuire il rischio e mantenere o stoccare i nostri bitcoin in un portafoglio freddo e sicuro, come ad esempio un portafoglio hardware.

Questa strategia offre una certa tranquillità perché non dobbiamo affatto preoccuparci di eventuali cali del prezzo dei bitcoin, ma dobbiamo solo seguire il nostro piano iniziale e comprare quando si ha la necessità di comprare senza guardare i grafici del prezzo dei bitcoin, quindi, non aspettare che il prezzo scenda solo perché magari si nota una tendenza al ribasso sui grafici, ma andare subito a comprare i nostri bitcoin.

Con il metodo del dollar cost averaging, invece, i nostri profitti faranno la media anche quando sceglieremo di vendere i bitcoin.

Si potrebbe non toccare per niente i profitti qualora avessimo investito usando il metodo della somma forfettaria, ma se vendiamo al momento giusto, cioè quando il prezzo è alto, allora riusciremo a spuntare ugualmente un buon profitto dal nostro investimento.

Il metodo della somma forfettaria è un metodo molto più rischioso di investire i bitcoin perché si comprano i bitcoin ad un unico punto di prezzo. Per massimizzare il nostro investimento, dovremo aspettare per forza di cose il prezzo più basso possibile prima di acquistare i bitcoin. Questo metodo significa che dovremo cronometrare il mercato, in modo da comprare al momento giusto, tenendo comunque presente che il prezzo varia così tanto che risulta difficile prevedere quando ci possa essere il successivo calo di prezzo in modo da poter comprare a quel prezzo.

Quando si tratta di vendere il nostro investimento forfettario in futuro, potremmo avere qualche difficoltà a farlo anche perché sicuramente si aspetterà di vendere al momento giusto in modo da poter avere il massimo profitto.

Cercheremo di prevedere il punto di prezzo più alto, e psicologicamente rimarremo senza parole nel caso in cui avessimo venduto troppo presto, sfumando quindi la possibilità di ottenere un profitto più elevato.

Un aspetto positivo del metodo di investimento forfettario, però, è che se riuscissimo a comprare al prezzo più basso possibile e a vendere al prezzo più alto possibile, allora otterremo un profitto molto più alto che se investissimo i bitcoin usando il metodo del costo medio del dollaro.

Ancora possiamo parlare del metodo di

investimento dei fondi hedge Crypto, anche se questa opzione è più adatta a persone che possono permettersi di pagare le loro pesanti commissioni di gestione e performance. criptovalute. Il metodo dei fondi hedge potrebbe non essere adatto a tutti.

Investire in bitcoin è simile ad investire in azioni, infatti entrambi i metodi sono considerati investimenti ad alto rischio e alta ricompensa perciò sicuramente non sono operazioni adatte a tutti.

Il Bitcoin però è molto più volatile delle azioni, per questo motivo se volessimo investire in questa criptovaluta dovremmo prendere in considerazione alcuni consigli fondamentali per avere successo, come ad esempio avere un piano solido, non investire ala cieca e non investire solo perché tutti quelli che conosciamo e sono intorno a noi hanno comprato bitcoin.

Quando si investe, occorre avere un buon

piano solido in atto dove viene indicato il punto di entrata e il punto di uscita. Il nostro piano dovrà seguire alla lettera il metodo di investimento scelto. Sicuramente un consiglio che possiamo dare è di essere sempre pronti a quella che è la volatilità.

Investire in bitcoin è un'attività finanziaria a lungo termine per questo motivo è molto diverso dal trading giornaliero che invece comporta un' analisi più tecnica per permettere ai trader di ottenere un buon profitto.

Quando si investe in bitcoin, bisogna sempre guardare il quadro generale e quindi andare oltre quelli che sono i grafici dei prezzi.

Ormai arrivati a questo punto sappiamo già molto bene che investire in criptovalute così tanto volatili può renderci estremamente ricchi o portarci in bancarotta.

Ma, invece non ci dovrebbero essere questi due estremi cioè quello che viene solitamente sconsigliato è proprio di non investire tutta la nostra fortuna o i risparmi di una vita intera in bitcoin o in qualsiasi altra criptovaluta.

Un'altra questione a cui è occorre prestare attenzione prima di iniziare un investimento in Bitcoin è la sicurezza del proprio portafoglio di valute virtuali perché negli anni ci sono stati tantissimi esempi di furto e frode di bitcoin che hanno portato l'investitore a riflettere non poco prima di investire soprattutto una quantità elevata.

Comunque grazie alla tecnologia Blockchain queste problematiche sono state oltrepassate o quanto meno risolte.

Diciamo che coloro che si trovano alle prime armi farebbe bene ad appoggiarsi ad uno strumento di trading automatico che genera segnali di automatici di acquisto o di vendita, infatti, per usare un Bitcoin trader non occorre nessuna conoscenza in questo campo.

Basterà solo lasciare che il software funzioni al posto nostro e tenere la traccia di tutte le posizioni e l'evoluzione del nostro capitale.

CAPITOLO 7

Bitcoin per il business

Mentre molti negozi e attività commerciali online hanno aggiunto Bitcoin alle proprie modalità di pagamento, non possiamo certamente dire che è ancora così diffuso.

Infatti, la maggior parte dei proprietari di aziende preferisce ancora oggi i metodi di pagamento tradizionali perché semplicemente non conoscono abbastanza bene il funzionamento di Bitcoin.

Molti non si fidano del Bitcoin e della sua volatilità perché si pensa che con cambiamenti così volatili nei tassi di cambio si andrebbe incontro ad una perdita ingente dei propri profitti.

Certamente questa paura è comprensibile, ma per fortuna nel corso del tempo c'è stata un'evoluzione in tal campo con la conseguenza di aver portato parecchie innovazioni per cui diciamo che non dovremmo preoccuparci più di tanto.

Sia le imprese online che quelle offline possono accettare pagamenti in bitcoin.

Soltanto perché Bitcoin è una valuta virtuale elettronica, non significa che i negozi offline non possano avere un certo vantaggio nel ricevere pagamenti in bitcoin.

Per i negozi online, è possibile anche integrare diversi processori di pagamento nella pagina di checkout del sito di e-commerce.

Per i negozi offline, invece, possiamo scegliere tra terminali Bitcoin o appliacazioni per punti vendita.

È possibile anche stampare il QR code che i nostri clienti possono scansionare con i loro portafogli mobili e pagare così facilmente in bitcoin.

Una volta che il nostro portafoglio bitcoin è impostato, in realtà sarà tutto molto più semplice di quello che si pensa cioè basterà comunicare semplicemente che accettiamo pagamenti in bitcoin.

Il pensiero di perdere tutti i nostri profitti e di dare la nostra merce gratis ai nostri potenziali clienti è un pensiero che destabilizza tanto, perché potremmo andare in bancarotta se tutti i nostri clienti pagassero in bitcoin.

Ma c'è anche da dire che un tempo poteva essere vero, ma con i processori di pagamento Bitcoin come ad esempio Coinbase, oggi è possibile ricevere i pagamenti in bitcoin e farli convertire immediatamente in dollari o in altre valute.

In questo modo si evitano tutti i rischi relativi al bitcoin e si riceve l'intero importo che ci si prefigge di ricevere.

Ad esempio se un potenziale cliente ci paga

cento dollari in bitcoin per un paio di scarpe, allora, riceveremo esattamente questa somma sul nostro conto bancario.

Il gateway di pagamento che usiamo ci proteggerà dalla volatilità del bitcoin in modo da avere sempre l'intero importo in dollari.

Per gli imprenditori più intraprendenti che riescono a gestire tutti gli sbalzi di Bitcoin, esiste la vera necessità di fare ulteriore e maggior profitto dai bitcoin con i quali sono stati pagati.

Quindi, in questo caso esistono tantissime persone che mantengono i bitcoin nei cosidetti portafogli digitali e rinunciano all'uso di una piattaforma di pagamento che convertirà in modo automatico i nostri bitcoin in altre valute.

Sicuramente viene consigliato al nostro business, qualunque esso sia, di cominciare ad accettare pagamenti in bitcoin perché risulta un modo molto conveniente.

Pensiamo alle commissioni bancarie che dobbiamo pagare ogni volta che qualcuno paga per un determinato prodotto o servizio, tutte commissioni che riguardano il deposito, il prelievo, le transazioni che vengono detratte da tutto ciò che guadagniamo e questo problema, invece, può essere superato con il metodo dei Bitcoin.

Esistono anche altri vantaggi relativi al pagamento in bitcoin per il nostro business, come ad esempio, non esiste nessun rischio di chargerbrack. I pagamenti con Paypal, carte di credito e di debito lasciano il nostro business vulnerabile ai chargeback.

La maggior parte delle imprese, che siano online piuttosto che offline, hanno sicuramente affrontato questo problema in diversi momenti. Affrontare un chargeback è un processo che fa perdere tantissimo tempo oltre che energie mentali.

I clienti potrebbero dire di non riconoscere

l'addebito sull'estratto conto della propria carta oppure che la propria carta sia stata rubata o che sia stata usata da altre persone o addirittura hanno avuto una merce non conforme a quella acquistata.

A molte persone semplicemente piace fare chargerbrack perché vorrebbero avere un articolo gratis in particolar modo se si tratta di un articolo molto costoso.

Con i pagamenti bitcoin, invece, non esiste il rischio di chargerbrack perché tutti i pagamenti quando vengono confermati sono definitivi perché una transazione in Bitcoin non può essere annullata da nessuno.

I pagamenti in bitcoin offrono una protezione per i commercianti che non può essere paragonata a nessun altra opzione di pagamento disponibile.

Un altro vantaggio riscontrabile è che la rete bitcoin è un sistema di pagamento molto sicuro. Infatti, prima che arrivassero queste criptovalute, i doppi pagamenti e le frodi erano un problema esistente e reale, ma come abbiamo visto, grazie a tutti gli sforzi fatti, il problema della doppia spesa è stato superato così come anche quello delle frodi.

O ancora potremmo parlare dei pagamenti che sono alquanto veloci e istantanei e come abbiamo detto dell'abolizione del pagamento di commissioni.

Bitcoin non blocca la provenienza di nessuno, quindi, anche laddove un nostro cliente risiede in un paese conosciuto per le frodi con carte di credito, agli occhi della rete di Bitcoin sono tutti uguali. Alla fine quello di cui abbiamo bisogno è semplicemente l'indirizzo Bitcoin, non c'è bisogno di inviare le proprie foto o i propri documenti, quindi, la privacy di tutti è ben protetta e al sicuro.

In un certo qual senso, Bitcoin protegge sia noi che il nostro business e nello stesso tempo fornisce i servizi e i prodotti a tutti nell'intero mondo.

In definitiva aggiungere bitcoin alla lista di pagamenti darà ai nostri potenziali clienti una scelta in più e tra l'altro laddove non sono ancora in possesso di questa moneta, potrebbero pensare di farlo.

Per riuscire a farsi conoscere dalla community bitcoin, potremmo diffondere la notizia sui vari social. Se abbiamo un negozio fisico potremmo mettere un'insegna al di fuori che dirà a chiunque ci passa davanti che siamo in grado di accettare pagamenti in bitcoin.

In questo modo il nostro business sicuramente conoscerà momenti di forte crescita in termini di guadagni e profitti oltre a farci pubblicità nelle community bitcoin.

CAPITOLO 8

Bitcoin cash VS Bitcoin

Quando si parla del Bitcoin è necessario ed importante doverci soffermare anche sul Bitcoin Cash.

Il bitcoin cash è una valuta a parte, molto simile al Bitcoin, ma quotata in modo differente.

Alcune persone credono di acquistare il Bitcoin, ma in realtà comprano il Bitcoin Cash.

Riguardo questa criptovaluta esistono diverse previsioni anche abbastanza positive, anche se il Bitcoin Cash è diverso alla base perchè ha un costo differente e offre una velocità di transazioni diversa.

Ma se il Bitcoin ha tutti quei vantaggi di cui abbiamo parlato fin ora, perché è stato inventato il Bitcoin Cash?

Il problema principale è da visionare soprattutto nella velocità delle transazioni, che in passato era molto più lenta.

Il sistema di Blockchain riusciva ad effettuare fino a un massimo di sette scambi al secondo, mentre gli altri sistemi di pagamento, come quelli Visa, né processavano all'incirca ventiquattro mila al secondo.

Nel 2017 si arrivò ad una situazione in cui il numero delle transazioni da effettuare era troppo alto per le potenzialità della rete, per cui o si interveniva in qualche modo per aumentare le capacità della rete Blockchain oppure il prezzo del Bitcoin sarebbe calato bruscamente, come infatti avvenne.

A tal proposito, dobbiamo chiarire e precisare che in quell'occasione non si riuscì ad aumentare il volume delle transazioni con i Bitcoin, perché ogni blocco nella rete aveva un limite di un megabyte che nel corso del tempo venne portato a due megabyte.

Ma come mai non è stato possibile aumentare la memoria di un solo blocco nella catena Blockchain?

Il motivo alla base di questo limite del sistema Blockchain risiede nell'aumento dei dati che bisognerebbe calcolare per ogni blocco.

I computer più piccoli, quindi, non riuscirebbero più ad elaborare nessuna informazione e verrebbe meno la decentralizzazione perché sarebbe necessario un ente di controllo centrale.

L'aumento fuori misura di memoria del blocco non ha in realtà provocato dei problemi alla velocità, ma sicuramente questo limite ha portato la community del Bitcoin a dividersi in due gruppi: quelli che puntavano ad una maggiore scalabilità del sistema e quelli che volevano un aumento di memoria del singolo blocco con un valore più elevato del Bitcoin.

Fin quando nessuno dei due gruppi abbandonò

la propria posizione, nel 2017 si arrivò ad una divisione chiamata Hard Fork e in un secondo momento nacque una nuova criptovaluta, abbastanza simile al Bitcoin con lo stesso codice nella sorgente, appunto, il bitcoin Cash.

Come abbiamo detto, alla base abbiamo lo stesso codice del Bitcoin, ma un diverso limite di memoria dei blocchi, che è stato man mano aumentato, in questo momento è pari a otto megabyte.

Questo aumento non ha provocato una maggiore lentezza delle transazioni, ma nello stesso tempo ha aumentato le prestazioni delle stesse.

Attualmente ogni giorno vengono effettuate circa due milioni di transazioni con i Bitcoin Cash.

All'inizio le due criptovalute furono conservate in due portafogli diversi e la loro quantità era uguale, così per gestire entrambe le criptovalute veniva usata una sola chiave privata per due portafogli diversi.

Per esempio, se si voleva effettuare un acquisto con i Bitcoin Cash si usava la stessa chiave, ma il denaro veniva prelevato da entrambi i portafogli. Avveniva così una specie di doppio pagamento.

Questo meccanismo oggi è valido per tutte le Fork che permettono di raddoppiare i soldi.

In questo modo si impedisce di sfruttare questo meccanismo per arricchirsi ingiustificatamente.

Esistono però anche degli altri problemi da considerare quando si parla del Bitcoin Cash e del Bitcoin.

Specialmente queste due criptovalute non sono intercambiabili tra di loro e nascono in modo separato.

Ancora oggi agiscono entrambe indipendentemente l'una dall'altra e non sono affatto legate tra di loro.

In realtà un piccolo legame si crea, ma è inverso cioè qualora il prezzo del Bitcoin diminuisse, quello del Bitcoin Cash potrebbe aumentare.

I Bitcoin Cash si possono acquistare senza nessun problema, così come avviene per i Bitcoin normali. Inoltre, il BTC Cash si può anche ottenere in modo abbastanza facile attraverso il processo del mining, soltanto che l'operazione risulterebbe abbastanza complicata a causa della similitudine nel codice di questa valuta.

Esistono anche diverse differenze.

Ci sono tantissime discussioni relative a quale sia la criptovaluta migliore, ma se si prendesse in considerazione il costo della moneta sarebbe sicuro che quella migliore sia il Bitcoin originale.

Attualmente il prezzo del Bitcoin Cash è di

quasi cinquecento dollari.

Inoltre, non tutto è così semplice come potrebbe sembrare a prima vista.

Parliamo del Bitcoin Cash come di una valuta del tutto diversa, da non confondere con quella originale.

La differenza principale risiede, ovviamente, nel nome. A differenza del Bitcoin, il cui scopo è quello di acquistare oggetti o servizi di alto valore, il Bitcoin Cash si posiziona come una criptovaluta il cui scopo è quello di acquistare delle piccole cose.

Come il bitcoin, anche il Bitcoin Cash può essere suddiviso in parti più piccole ed è una criptovaluta molto più adatta a quelle aziende che offrono delle merci dai prezzi non troppo elevati.

Il Bitcoin Cash presenta anche diversi vantaggi, come ad esempio l'aumento di grandezza dei blocchi, oltre che degli svantaggi, come un alto numero di mining pool.

Tutto ciò rende il Bitcoin Cash difficile da creare, nonostante si posseggano delle ottime schede grafiche, alla fine manca la potenza di calcolo che serve ad effettuare il mining del Bitcoin Cash.

Con il tempo sono state fatte diverse modifiche alla tecnologia di base del Bitcoin Cash, questo perché la scalabilità è diventata maggiore e nel caso del bisogno si potrebbe aumentare la dimensione dei blocchi.

Per le transazioni con il Bitcoin Cash sono state create delle nuove firme che permettono a questa valuta di differenziarsi dal Bitcoin.

Infine emerge anche il nuovissimo algoritmo di calcolo, chiamato Emergency Difficulty Adjustment.

Grazie a quest'ultimo è assicurato il funzionamento del sistema Blockchain legato al Bitcoin Cash anche nel caso accadessero degli imprevisti.

Per questo la criptovaluta in questione è molto più stabile rispetto al Bitcoin, sia per quanto riguarda il funzionamento sia per quanto riguarda la quotazione del prezzo.

Nonostante questo, il Bitcoin Cash è comunque andato incontro a diverse modifiche di prezzo nel corso della sua esistenza.

Le cause alla base dell'aumento di prezzo del Bitcoin Cash sono diverse: la debolezza del Bitcoin e l'abbassamento della potenza di hashing per questo ci si rivolse verso quest'ultima valuta.

La velocità delle transazioni effettuate con questa è maggiore rispetto a quella dei Bitcoin e si può dire che la stabilità è un elemento molto importante.

Le previsioni circa il futuro del Bitcoin Cash sono molte e variano da quelle negative fino a quelle positive.

Le opinioni sono molto discordanti tra di loro e arrivare a un punto comune risulta difficile.

Se siamo maggiormente interessati a investire in Bitcoin Cash credendo in una sua crescita futura, sarebbe consigliabile studiare il suo andamento nel passato e leggere diversi articoli di analisi tecnica sul suo possibile andamento futuro.

CAPITOLO 9

Uno sguardo al futuro

Considerando la crescita del Bitcoin nell'ultimo periodo sono già state effettuate diverse considerazioni riguardo il futuro.

Le previsioni che riguardano un possibile aumento del prezzo del Bitcoin sono così tante da lasciare a bocca aperta e quando nel 2018 il Bitcoin raggiunse i picchi minimi, vennero create delle ipotesi sulla sua rapida svalutazione.

Infatti, ci si aspettava che il prezzo del Bitcoin diminuisse in modo molto rapido, ma invece in poco tempo divenne evidente l'esatto contrario e il suo valore era destinato ad aumentare notevolmente.

L'unica cosa certa è che il Bitcoin non è l'investimento giusto per quelle persone che vorrebbero stare tranquilli oppure puntare unicamente su titoli conservativi.

Ancora oggi il suo futuro resta insicuro, nonostante in molti siano convinti del fatto che ben presto il Bitcoin raggiungerà il suo picco.

Molto dipenderà dalla soglia dei trentasei mila dollari, infatti, se il Bitcoin dovesse riuscire a superarla, si potrebbe parlare di un'altra elevata crescita.

Il Bitcoin, effettivamente, dimostra diverse difficoltà nel riuscire a superarla e superandola sembra avere delle difficoltà nel riuscire a trasformarla in supporto.

Nello stesso tempo, il Bitcoin non sembra essere così forte per riuscire a ritornare ai suoi massimi storici e questo provoca una grande incertezza.

Nonostante i piccoli avanzamenti del Bitcoin, questa criptovaluta sembra molto lontana da quota quaranta mila e difficilmente tornerà sui suoi massimi nell'arco del 2021.

Infatti, al contrario sembra proprio che quest'anno si sia assestando al livello di trentacinque mila dollari, in quanto manca quella spinta che serve a salire, a meno che non ci fossero degli eventi imprevedibili, come un'eventuale peggioramento della situazione della pandemia da covid-19.

Attualmente il Bitcoin è stabile e non sono previste delle rapide diminuzioni del suo valore così com'è difficile che il Bitcoin raggiunga di nuovo la soglia dei ventinove mila euro.

Il suo andamento nell'ultimo anno è stato lievemente positivo, anche se caratterizzato da una grande volatilità, infatti, il Bitcoin ha sofferto molto i cambiamenti relative alle altre criptovalute.

In alcuni casi gli investitori hanno preferito diminuire la quantità dei propri investimenti a favore del Bitcoin. Secondo un'analisi tecnica nel breve periodo, l'andamento resterà positivo.

Il consiglio è quello di non investire delle somme troppo alte nel Bitcoin a breve termine, perché nonostante ci sia una possibilità di crescita alta, potrebbero presentarsi comunque dei rischi che porterebbero ad una riduzione del valore.

A contribuire alla relativa calma del Bitcoin ci ha pensato anche il mondo delle notizie.

Molte di queste si sono concentrate su altre criptovalute, come ad esempio l'etherum, portando così il Bitcoin ad entrare in una situazione di stallo.

La situazione è poi peggiorata ulteriormente rispetto a quella che venne registrata nel dicembre del 2020, quando il Bitcoin registrò un incremento di valore abbastanza veloce.

La maggior parte degli investitori apre una posizione di tipo Long, ovvero si punta al rialzo, ma è difficile dire se quest'ultimo avverrà nel breve periodo oppure no.

Nonostante tutte queste motivazioni, con l'inizio del nuovo anno il Bitcoin ha registrato una piccola diminuzione di valore seguita da un assestamento sulla quotazione di livello medio.

Le previsioni che si sono registrate dall'analisi grafica e dagli indicatori tecnici spingono i trader ad aprire le posizioni Buy, ma per un intervallo temporale non superiore a un mese.

Gli indicatori delle medie mobili puntano a un trend positivo che dovrebbe verificarsi già in primavera, anche se molti esperti del settore sono abbastanza scettici a riguardo, poiché esistono ancora delle diverse indicazioni che provengono dagli oscillatori, che indicano la presenza di diverse difficoltà.

Secondo alcuni esperti di bitcoin, le previsioni degli indicatori tecnici realizzati su periodi non superiori a un mese risultano essere piuttosto insicuri e inattendibili.

Un discorso diverso potrebbe verificarsi per le previsioni primaverili del 2021: pur segnando una certa stabilità sul mercato, ci sono delle previsioni riguardo una piccola diminuzione del valore del Bitcoin qualora la quotazione superasse il valore di trentasei mila dollari.

Sulle oscillazioni del Bitcoin potrebbe influire anche l'incertezza che dilaga sui principali mercati mondiali.

Tra i segni positivi che andrebbero analizzati per capire se puntare sul Bitcoin oppure no ci sono le oscillazioni d'inizio 2021 con il successivo periodo di stabilità e quindi da notare che il Bitcoin non ha mai mostrato un comportamento prevedibile seguendo le sue oscillazioni nel passato.

Quindi, se il Bitcoin alla fine del 2020 ha mostrato un aumento di valore, non è detto che quest'ultimo avvenga anche nel 2021, così come non è certo che in primavera il Bitcoin dimostri sempre una tendenza lievemente al ribasso.

Anche affidarsi all'analisi tecnica, come abbiamo visto prima, non è sempre una buona scelta.

Sicuramente, a causa della volatilità mostrata dal Bitcoin sul mercato sono sempre presenti diversi falsi segnali.

Comunque la maggior parte dei trader concorda nell'affermare che il costo del Bitcoin aumenterà in modo progressivo nel lungo periodo. Per questo le posizioni Long sui lunghi intervalli temporali sono quelle più popolari attualmente. Non bisogna confondere la posizione al rialzo con troppo entusiasmo.

Lo scetticismo che ruota intorno ad un aumento sconsiderato del valore del Bitcoin è ancora oggi molto alto.

Difficilmente il prezzo di questo asset raggiungerà i valori a cinque zeri, come invece ipotizzavano alcuni studiosi del settore.

Ovviamente, il settore delle criptovalute crescerà ancora, ma difficilmente potrà farlo in modo così sconsiderato.

Si potrebbero verificare diverse speculazioni che, a loro volta, non farebbero altro che portare nuove ipotesi.

Secondo le previsioni più dettagliate, il settore delle criptovalute crescerà, ma in modo più graduale.

Il Bitcoin stesso nei mesi successivi sarà sicuramente impegnato a rafforzare le proprie posizioni sul mercato, perciò è impossibile, aspettarsi una crescita di valore.

Una previsione molto più reale, ma comunque forse troppo ottimistica, è quella che vede il Bitcoin tornare a superare la soglia dei quaranta mila dollari.

Sarebbe banale dire che anche per questo caso si parla non solo di una previsione fin troppo ottimistica, ma anche fuorviante perché non esistono solide basi tecniche da considerare per capire se per davvero il Bitcoin riuscirà a raggiungere un simile prezzo oppure no.

Prevedere l'andamento del grafico sul lunghissimo periodo è praticamente impossibile.

Si pensa che il Bitcoin si possa paragonare all'oro da questo punto di vista, ma non è proprio così.

Infatti, il Bitcoin, mostra una tendenza verso la crescita che è diversa rispetto a quella caratteristica dei metalli preziosi.

La criptovaluta è molto più semplice da proteggere e depositare.

Sulla base del paragone tra l'oro attualmente conservato presso le banche del mondo e il Bitcoin in circolazione, si ipotizza che il valore di un Bitcoin si assesterà al livello di novantamila dollari.

Quest'ultima è una previsione molto più conservatrice rispetto a tutte le altre.

Nel migliore dei casi, con l'aumento del prezzo dell'oro, anche la quotazione del Bitcoin potrebbe aumentare, ma è inutile aspettarsi un grande aumento in pochi mesi.

Solo nel lungo periodo il prezzo del Bitcoin potrebbe raggiungere il valore di circa quattrocento mila dollari, ma si parla di tantissimi anni.

Oltre a queste previsioni ottimistiche, ne esistono anche altre che tendono ad un ribasso.

La diminuzione del valore del Bitcoin potrebbe avvenire in diversi casi, uno di quali riguarda la saturazione del mercato, infatti, con un aumento dei Bitcoin in tutto il mondo, si potrebbe verificare la situazione in cui il suo costo diminuirebbe in modo progressivo. Anche un aumento di valore delle altre criptovalute potrebbe portare ad una diminuzione della quotazione del Bitcoin.

Comunque si tratta di previsioni che nonostante abbiano una base legata all'analisi fondamentale, fanno a meno di quella tecnica.

Quindi, sono pochi i professionisti, che punterebbero ad una riduzione del prezzo del Bitcoin, considerando che comunque non tutte le piattaforme che operano online danno la possibilità di fare il trading sui Bitcoin.

Infine, possiamo dire che se volessimo guadagnare con i Bitcoin nel 2021 sarebbe consigliato aprire una posizione al rialzo piuttosto che al ribasso, ma seguire giorno dopo giorno il mercato per capire se sullo stesso non si verificherà un trend al ribasso ed eventualmente uscire dal mercato il prima possibile ottenendo un piccolo guadagno.

CAPITOLO 10

Tasse e regole fiscali del Bitcoin in Italia

A causa dell'aumento di questo sistema di pagamento, anche in Italia sono state proposte diverse e numerose domande riguardo la regolamentazione fiscale e riguardo le tasse da pagare sui guadagni in Bitcoin.

Nonostante si tratti di un argomento ormai discusso un po' ovunque, ancor oggi esistono tanti dubbi relativi all'argomento.

Le principali domande che vengono poste sono due

Il guadagno in Bitcoin può essere tassabile?

Il disponibile economico che si ha alla fine dell'anno rientra nel monitoraggio dei tributi?

Riguardo le risposte si è espressa l'Agenzia delle Entrate, ma occorre ricordarsi che solo degli atti legislativi possono comportare l'obbligazione tributaria.

Non esistono altri atti che potrebbero avere la stessa facoltà.

Riguardo le interpretazioni dell'Agenzia delle Entrate bisogna ricordarsi della Risoluzione numero 72/E del 2 settembre 2016 e delle varie risposte agli interpelli come la numero 14 del 218 e la numero 110 del 2020.

Sulla base di questi provvedimenti, l'Agenzia delle Entrate mette sullo stesso livello le criptovalute alle valute estere.

La conversione delle stesse, non porterebbe nessun tipo d'imponibilità, eccetto che i Bitcoin non vengano ottenuti nell'attività dell'impresa.

Quindi, ad esempio, se si ottenessero i Bitcoin attraverso una conversione, non ci si dovrebbe preoccupare di tassare queste somme.

Questa caratteristica dei Bitcoin viene

accentuata anche dalla risposta numero 110 del 2020 dove viene sottolineata una possibile assoggettività dei Bitcoin all'IVA laddove la loro funzione fosse diversa da quanto è stato riportato nella Corte di Giustizia, più precisamente nella sentenza del 22 ottobre 2015.

In particolare, viene precisato che il Bitcoin non deve avere nessun altra finalità a parte quella di un mezzo di pagamento.

Quindi, i Bitcoin avuti tramite operazioni a pronti non si tassano perché manca la finalità speculativa o quella d'impresa.

Si tasserebbero, però, nel caso venisse generata la plusvalenza o la minusvalenza quando la criptovaluta provenga dai portafogli elettronici purché la giacenza media superasse un controvalore di circa cinquantuno euro per un minimo di sette giorni lavorativi, possono essere tassati in quanto redditi di diversa natura finanziaria o derivanti dalle cessioni a termine, sono tassabili i redditi in Bitcoin che provengono dalle operazioni speculative sul mercato FOREX o su quello dei Contratti per Differenza.

In definitiva, le criptovalute in Italia vengono equiparate in tutti i loro aspetti alle valute estere oppure ai conti correnti.

Quindi una semplice conversione o cessione delle valute virtuali non impone l'obbligo di pagare le imposte, perchè mancherebbe la finalità speculativa.

Questo obbligo si presenterebbe, invece, qualora la criptovaluta venisse ceduta da un portafoglio elettronico, con un valore superiore alla somma che abbiamo appena indicato ed una giacenza media di almeno sette giorni.

Qualora il guadagno provenisse dal trading, il contribuente dovrebbe avere già al primo gennaio dell'anno le quotazioni di tutte le criptovalute sulle quali investe.

Per quotazioni intendiamo il corrispettivo in euro del valore della criptovaluta.

Per quanto riguarda la gestione dell'aspetto fiscale delle criptovalute i contribuenti sono tenuti a svolgere un controllo costante e giornaliero.

Soprattutto, hanno bisogno di controllare se la somma di tutte le criptovalute in proprio possesso sia superiore o inferiore a cinquantuno euro o se questo valore sia stato mantenuto per almeno sette giorni consecutivi.

Il contribuente ha l' obbligo a norma di legge a tracciare tutte le transazioni, perché ogni singolo trasferimento potrebbe portare ad una plusvalenza e quindi all'obbligo di tassare il reddito.

Nel caso in cui i requisiti che riguardano la somma e la durata venissero rispettati, il contribuente sarà tenuto a dichiarare solo la quantità precisa di Bitcoin che si possiede.

Egli dovrà indicare tutte le vendite nel rigo RT21 della Dichiarazione.

Successivamente, nel rigo RT22, egli dovrà anche indicare quali costi siano stati sostenuti per tutti gli acquisti svolti.

In questo spazio temporale il contribuente dovrà seguire la regola Ultimo Entrato-Primo uscito.

Infine è tenuto anche a eseguire il calcolo dell'imposta sostitutiva.

Dobbiamo ricordare anche il valore delle imposte che dev'essere complessivo per tutte le criptovalute dal quale è stata generata una plusvalenza.

Nella Dichiarazione non vanno inserite altre indicazioni e dopo la comunicazione all'Agenzia delle Entrate, il contribuente sarà tenuto a conservare tutti i documenti che riguardano i conteggi con tutti i costi di vendita e acquisto.

In alcune sue parti la definizione italiana delle criptovalute va in contrasto con quanto venne dichiarato dall'Unione Europea.

Ad esempio, la Direttiva dell'Unione Europea stabilisce che le criptovalute non si possano paragonare per niente alle valute estere perché verrebbe proprio a mancare lo status giuridico di valuta.

Questo concetto venne ignorato dai legislatori italiani, motivo per il quale ancora oggi ci sia un contrasto tra la definizione italiana e quella europea.

Riguardo tutta questa questione esiste anche la posizione della Banca Centrale Europea, che ha già affermato che nessuna criptovaluta si possa definire come una valuta fiat.

L'unica moneta dell'Unione e degli Stati resta l'Euro.

La BCE stessa definisce il Bitcoin come un mezzo di scambio e non un mezzo di pagamento.

Esistono diverse posizioni contrastanti anche riguardo il portafoglio elettronico.

Quest'ultimo non viene considerato un conto corrente e neanche un conto deposito.

A causa di tutti questi problemi e di tutela le incomprensioni che potrebbero insorgere per via delle diverse definizioni di criptovaluta, è possibile anche il legislatore italiano si adegui alle normative europee.

Certamente questa trasformazione richiederà parecchio tempo e saranno necessarie diverse discussioni per comprendere come adattare la legislazione italiana a quella europea riguardo ai Bitcoin.

Nel 2021 i guadagni in Bitcoin provenienti dalle piattaforme di trading verranno tassati al ventisei percento.

La tassazione riguarderà comunque solo nel

caso in cui il denaro sarà prelevato sul conto bancario.

Qualora si volesse acquistare o vendere i Bitcoin su un sito Exchange di criptovalute, non bisognerà pagare nessuna imposta perché manca lo scopo speculativo.

In quest'ultimo caso lo scopo speculativo si manifesterà comunque nel momento in cui si proceda alla conversione dei Bitcoin in euro.

Infine esiste anche un'altra necessità ovvero fare una differenza tra la tassazione per le imprese e quella per le persone fisiche.

Nel primo caso bisogna specificare tutte le operazioni svolte con i Bitcoin e questo procedimento è in tutto e per tutto uguale a quello valido per le altre tipologie di valute estere.

Le aziende devono tassare le plusvalenze che si hanno dalla compravendita dei Bitcoin, ma soltanto nel momento in cui si hanno delle liquidità.

Un discorso diverso vale per quanto riguarda i cittadini privati.

Se questi non svolgessero alcun tipo di attività finanziaria non dovrebbero pagare alcuna imposta, anche qualora riuscissero a realizzare una plusvalenza.

Infatti, l'attività sarebbe speculativa solo nel momento in cui venissero rispettati i requisiti appena citati.

Ricapitolando, quindi, le tasse si pagano solo per le plusvalenze avute e solo successivamente al deposito sul conto nella banca.

La differenza principale nella tassazione per le imprese e i cittadini privati risiede nel momento di rilevazione delle imposte.

Le società rilevano la plusvalenza nel momento di chiusura del bilancio oppure di vendita dei Bitcoin, mentre i cittadini pagano solo nel caso venissero rispettati i requisiti.

Se proprio non sappiamo come gestire nel migliore dei modi tutto l'aspetto fiscale che riguarda i Bitcoin, sarebbe opportuno rivolgersi ad un commercialista.

Quest'ultimo saprà sicuramente indicarci nei minimi dettagli tutto ciò che riguarda la legislativa fiscale relativa ai Bitcoin.